MULHERES NO DIREITO PREVIDENCIÁRIO®

Cases na Prática

Edição Poder de uma Mentoria

Volume 1

MULHERES NO DIREITO PREVIDENCIÁRIO®

Cases na Prática

Edição Poder de uma Mentoria

Volume 1

Copyright© 2024 by Editora Leader
Todos os direitos da primeira edição são reservados à Editora Leader.

CEO e Editora-chefe:	Andréia Roma
Revisão:	Editora Leader
Capa:	Editora Leader
Projeto gráfico e editoração:	Editora Leader
Suporte editorial:	Lais Assis
Livrarias e distribuidores:	Liliana Araújo
Artes e mídias:	Equipe Leader
Diretor financeiro:	Alessandro Roma

Dados Internacionais de Catalogação na Publicação (CIP)

M922   Mulheres no Direito Previdenciário: edição poder de uma mentoria, volume 1/
1. ed.   coordenadoras Maria Luiza Borges Santos, Andréia Roma. – 1.ed – São Paulo: Editora Leader, 2024. – (Série mulheres / coordenadora Andréia Roma)

216 p.; 15,5 x 23 cm. – (Série mulheres/coordenadora Andréia Roma)

Várias autoras
ISBN: 978-85-5474-197-6

1. Carreira profissional – Desenvolvimento. 2. Direito Previdenciário – Brasil. 3. Mulheres no Direito. 4. Mulheres – História de vidas. I. Santos, Maria Luiza Borges. II. Roma, Andréia. III. Série.

04-2024/13   CDD 340

Índices para catálogo sistemático:
1. Carreira profissional: Histórias de vidas: Mulheres no direito   340

Bibliotecária responsável: Aline Graziele Benitez CRB-1/3129

2024
Editora Leader Ltda.
Rua João Aires, 149
Jardim Bandeirantes – São Paulo – SP
Contatos:
Tel.: (11) 95967-9456
contato@editoraleader.com.br | www.editoraleader.com.br

A Editora Leader, pioneira na busca pela igualdade de gênero, vem traçando suas diretrizes em atendimento à Agenda 2030 – plano de Ação Global proposto pela ONU (Organização das Nações Unidas) –, que é composta por 17 Objetivos de Desenvolvimento Sustentável (ODS) e 169 metas que incentivam a adoção de ações para erradicação da pobreza, proteção ambiental e promoção da vida digna no planeta, garantindo que as pessoas, em todos os lugares, possam desfrutar de paz e prosperidade.

A Série Mulheres, dirigida pela CEO da Editora Leader, Andréia Roma, tem como objetivo transformar histórias reais – de mulheres reais – em autobiografias inspiracionais, cases e aulas práticas. Os relatos das autoras, além de inspiradores, demonstram a possibilidade da participação plena e efetiva das mulheres no mercado. A ação está alinhada com o ODS 5, que trata da igualdade de gênero e empoderamento de todas as mulheres e meninas e sua comunicação fortalece a abertura de oportunidades para a liderança em todos os níveis de tomada de decisão na vida política, econômica e pública.

CONHEÇA O SELO EDITORIAL SÉRIE MULHERES

Somos referência no Brasil em iniciativas Femininas no Mundo Editorial

A Série Mulheres é um projeto registrado em mais de 170 países!
A Série Mulheres apresenta mulheres inspiradoras, que assumiram seu protagonismo para o mundo e reconheceram o poder das suas histórias, cases e metodologias criados ao longo de suas trajetórias. Toda mulher tem uma história!
Toda mulher um dia já foi uma menina. Toda menina já se inspirou em uma mulher. Mãe, professora, babá, dançarina, médica, jornalista, cantora, astronauta, aeromoça, atleta, engenheira. E de sonho em sonho sua trajetória foi sendo construída. Acertos e erros, desafios, dilemas, receios, estratégias, conquistas e celebrações.

O que é o Selo Editorial Série Mulheres?
A Série Mulheres é um Selo criado pela Editora Leader e está registrada em mais de 170 países, com a missão de destacar publicações de mulheres de várias áreas, tanto em livros autorais como coletivos. O projeto nasceu dez anos atrás, no coração da editora Andréia Roma, e já se destaca com vários lançamentos. Em 2015 lançamos o livro "Mulheres Inspiradoras", e a seguir vieram outros, por exemplo: "Mulheres do Marketing", "Mulheres Antes e Depois dos 50",

seguidos por "Mulheres do RH", "Mulheres no Seguro", "Mulheres no Varejo", "Mulheres no Direito", "Mulheres nas Finanças", obras que têm como foco transformar histórias reais em autobiografias inspiracionais, cases e metodologias de mulheres que se diferenciam em sua área de atuação. Além de ter abrangência nacional e internacional, trata-se de um trabalho pioneiro e exclusivo no Brasil e no mundo. Todos os títulos lançados através desta Série são de propriedade intelectual da Editora Leader, ou seja, não há no Brasil nenhum livro com título igual aos que lançamos nesta coleção. Além dos títulos, registramos todo conceito do projeto, protegendo a ideia criada e apresentada no mercado.

A Série tem como idealizadora Andréia Roma, CEO da Editora Leader, que vem criando iniciativas importantes como esta ao longo dos anos, e como coordenadora Tania Moura. No ano de 2020 Tania aceitou o convite não só para coordenar o livro "Mulheres do RH", mas também a Série Mulheres, trazendo com ela sua expertise no mundo corporativo e seu olhar humano para as relações. Tania é especialista em Gente & Gestão, palestrante e conselheira em várias empresas. A Série Mulheres também conta com a especialista em Direito dra. Adriana Nascimento, coordenadora jurídica dos direitos autorais da Série Mulheres, além de apoiadores como Sandra Martinelli – presidente executiva da ABA e embaixadora da Série Mulheres, e também Renato Fiocchi – CEO do Grupo Gestão RH. Contamos ainda com o apoio de Claudia Cohn, Geovana Donella, Dani Verdugo, Cristina Reis, Isabel Azevedo, Elaine Póvoas, Jandaraci Araujo, Louise Freire, Vânia Íris, Milena Danielski, Susana Jabra.

Série Mulheres, um Selo que representará a marca mais importante, que é você, Mulher!

Você, mulher, agora tem um espaço só seu para registrar sua voz e levar isso ao mundo, inspirando e encorajando mais e mais mulheres.

Acesse o QRCode e preencha a Ficha da Editora Leader.
Este é o momento para você nos contar um pouco de sua história e área em que gostaria de publicar.

Qual o propósito do Selo Editorial Série Mulheres?
É apresentar autobiografias, metodologias, *cases* e outros temas, de mulheres do mundo corporativo e outros segmentos, com o objetivo de inspirar outras mulheres e homens a buscarem a buscarem o sucesso em suas carreiras ou em suas áreas de atuação, além de mostrar como é possível atingir o equilíbrio entre a vida pessoal e profissional, registrando e marcando sua geração através do seu conhecimento em forma de livro.

A ideia geral é convidar mulheres de diversas áreas a assumirem o protagonismo de suas próprias histórias e levar isso ao mundo, inspirando e encorajando cada vez mais e mais mulheres a irem em busca de seus sonhos, porque todas são capazes de alcançá-los.

Programa Série Mulheres na tv
Um programa de mulher para mulher idealizado pela CEO da Editora Leader, Andréia Roma, que aborda diversos temas com inovação e qualidade, sendo estas as palavras-chave que norteiam os projetos da Editora Leader. Seguindo esse conceito, Andréia, apresentadora do Programa Série Mulheres, entrevista mulheres de várias áreas com foco na transformação e empreendedorismo feminino em diversos segmentos.

A TV Corporativa Gestão RH abraçou a ideia de ter em seus diversos quadros o Programa Série Mulheres. O CEO da Gestão RH, Renato Fiochi, acolheu o projeto com muito carinho.

A TV, que conta atualmente com 153 mil assinantes, é um canal de *streaming* com conteúdos diversos voltados à Gestão de Pessoas, Diversidade, Inclusão, Transformação Digital, Soluções, Universo RH, entre outros temas relacionados às organizações e a todo o mercado.

Além do programa gravado Série Mulheres na TV Corporativa Gestão RH, você ainda pode contar com um programa de *lives* com transmissão ao vivo da Série Mulheres, um espaço reservado todas as quintas-feiras a partir das 17 horas no canal do YouTube da Editora Leader, no qual você pode ver entrevistas ao vivo, com executivas de diversas áreas que participam dos livros da Série Mulheres.

Somos o único Selo Editorial registrado no Brasil e em mais de 170 países que premia mulheres por suas histórias e metodologias com certificado internacional e o troféu Série Mulheres – Por mais Mulheres na Literatura.

Assista ao lançamento do Livro Mulheres no Seguro:

Marque as pessoas ao seu redor com amor, seja exemplo de compaixão.

Da vida nada se leva, mas deixamos uma marca.

Que marca você quer deixar? Pense nisso!

Série Mulheres – Toda mulher tem uma história!

Assista ao lançamento do Livro Mulheres que Transformam:

Próximos Títulos da Série Mulheres

Conheça alguns dos livros que estamos preparando para lançar: • Mulheres no Direito de Família • Mulheres no Transporte • Mulheres na Aviação • Mulheres na Política • Mulheres na Comunicação e muito mais.

Se você tem um projeto com mulheres, apresente para nós.

Qualquer obra com verossimilhança, reproduzida como no Selo Editorial Série Mulheres®, pode ser considerada plágio e sua retirada do mercado. Escolha para sua ideia uma Editora séria. Evite manchar sua reputação com projetos não registrados semelhantes ao que fazemos. A seriedade e ética nos elevam ao sucesso.

Alguns dos Títulos do Selo Editorial
Série Mulheres já publicados pela Editora Leader:

Lembramos que todas as capas são criadas por artistas e designers.

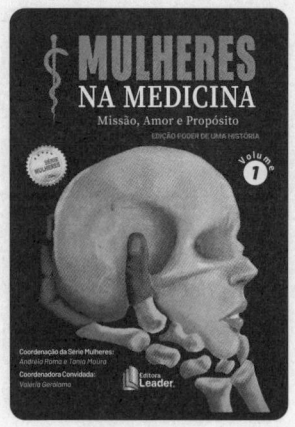

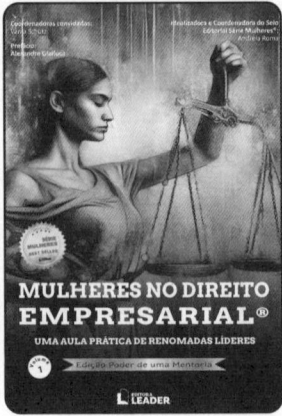

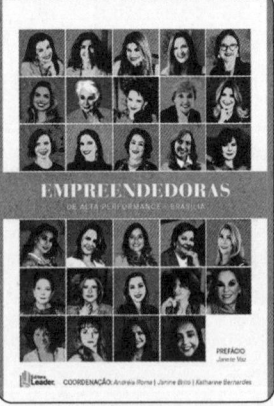

SOBRE A METODOLOGIA DA SÉRIE MULHERES®

A Série Mulheres trabalha com duas metodologias

"A primeira é a Série Mulheres – Poder de uma História: nesta metodologia orientamos mulheres a escreverem uma autobiografia inspiracional, valorizando suas histórias.

A segunda é a Série Mulheres Poder de uma Mentoria: com esta metodologia orientamos mulheres a produzirem uma aula prática sobre sua área e setor, destacando seu nicho e aprendizado.

Imagine se aos 20 anos de idade tivéssemos a oportunidade de ler livros como estes!

Como editora, meu propósito com a Série é apresentar autobiografias, metodologias, cases e outros temas, de mulheres do mundo corporativo e outros segmentos, com o objetivo de inspirar outras mulheres a buscarem ser suas melhores versões e realizarem seus sonhos, em suas áreas de atuação, além de mostrar como é possível atingir o equilíbrio entre a vida pessoal e profissional, registrando e marcando sua geração através do seu conhecimento em forma de livro. Serão imperdíveis os títulos publicados pela Série Mulheres!

Um Selo que representará a marca mais importante que é você, Mulher!"

Andréia Roma – CEO da Editora Leader

CÓDIGO DE ÉTICA DO SELO EDITORIAL SÉRIE MULHERES®

Acesse o QRCode e confira

Nota da editora

Temos a honra de apresentar o livro "Mulheres no Direito Previdenciário® – Volume 1", uma obra que marca não apenas um marco na jornada da Editora Leader, mas também representa o poder de uma mentoria.

Neste volume, as coautoras convidadas compartilham suas experiências e casos valiosos, oferecendo apoio e orientação tanto para profissionais iniciantes quanto para aqueles que já estão trilhando seus caminhos no campo do Direito Previdenciário. Cada capítulo é enriquecido pela sabedoria acumulada ao longo de suas carreiras, fornecendo reflexões e *insights* preciosos para inspirar e capacitar as próximas gerações de profissionais.

Este livro é uma idealização da Editora Leader, como parte do selo editorial Série Mulheres®. Através de cada volume, buscamos homenagear as mulheres que atuam no campo do Direito Previdenciário em todo o Brasil, reconhecendo sua contribuição e destacando seu papel fundamental. Conscientes de que o número de mulheres neste segmento ainda é pequeno, dedicamos este volume com profunda admiração e respeito às mulheres que desafiam limites e conquistam espaço neste universo profissional.

Que este livro sirva como uma fonte de inspiração e guia para todos os profissionais que estão trilhando suas jornadas no Direito Previdenciário.

Um livro mudar tudo!

Andréia Roma
CEO da Editora Leader
Idealizadora e coordenadora do Selo Editorial Série Mulheres®

Agradecimento
por Maria Luiza Borges Santos

Foi com grande satisfação e profundo agradecimento que aceitei a coordenação desta obra sobre Direito Previdenciário, um campo tão essencial e desafiador em nossa sociedade. Agradeço imensamente a confiança e o convite para liderar este projeto ao lado de advogadas previdenciárias notáveis, empoderadas, cuja expertise e dedicação são fontes de inspiração e aprendizado.

Agradeço a cada uma das coautoras pela confiança e por sua valiosa colaboração, e aos profissionais envolvidos na edição e publicação deste trabalho. Juntas, estamos construindo um legado importante para a advocacia previdenciária e para todos que buscam compreender e aplicar os princípios deste ramo do Direito.

Gostaria de expressar minha profunda gratidão à Editora Leader, na pessoa da CEO Andréia Roma, por sua dedicação e compromisso em destacar vozes femininas e promover a literatura jurídica.

Maria Luiza Borges Santos
Coordenadora convidada do livro

Introdução

O Direito Previdenciário, ao longo dos anos, tem sido um dos pilares fundamentais para a proteção e garantia dos direitos sociais dos cidadãos. Desde sua origem, este ramo do Direito tem desempenhado um papel crucial na promoção da justiça social e na mitigação dos impactos adversos que podem afetar a vida dos trabalhadores e de suas famílias.

Neste contexto, é importante reconhecer a contribuição significativa das mulheres para o desenvolvimento e aprimoramento do Direito Previdenciário. Apesar dos desafios e das barreiras enfrentadas ao longo da história, as mulheres têm desempenhado um papel vital na construção e aplicação das leis previdenciárias, deixando sua marca indelével neste campo.

Este livro, "Mulheres no Direito Previdenciário® – Volume 1", surge como uma celebração da contribuição das mulheres para este ramo do Direito. As coautoras convidadas compartilham suas experiências, conhecimentos e casos, oferecendo não apenas orientação técnica, mas também inspiração e empoderamento para os profissionais que atuam neste campo tão importante.

Ao longo das páginas deste livro, é possível encontrar relatos de mulheres que desafiaram limites, romperam barreiras e conquistaram espaço no universo previdenciário. Suas histórias inspiradoras e suas trajetórias exemplares são um testemunho do poder e da resiliência feminina no Direito Previdenciário.

Que este livro seja uma homenagem às mulheres que, com sua dedicação e comprometimento, têm contribuído para tornar o Direito Previdenciário mais inclusivo, justo e igualitário. Que suas vozes sejam ouvidas e que seus exemplos inspirem e motivem futuras gerações de profissionais do Direito Previdenciário.

Que o legado dessas mulheres seja lembrado e celebrado, e que suas contribuições continuem a influenciar positivamente o desenvolvimento deste campo do Direito.

Sumário

O dilema de uma aposentadoria rural nada convencional – "enquadramento x comprovação" 28
   Maria Luiza Borges Santos

O que fazer se o requerente falecer no meio do processo? 40
   Aleandra de Almeida Silva Ramos

Competência e Legitimidade em Demandas de Previdência Complementar Fechada: Orientações Práticas e Reflexões 50
   Ana Carolina Massa Gomes

Da Grave Ofensa ao Dano Moral Previdenciário: o instrumento para assegurar a aplicação dos direitos sociais fundamentais básicos...............................62
   Ana Rita Bodot

Pensão por morte: a proteção social diante
do evento gerador do estado de necessidade
dos dependentes 74
    Anilda Neves

A assistência social como interlocutora na
promoção dos direitos humanos 86
    Carla Luiza Zen da Silveira Sobczak

O registro do período rural em economia
familiar no Direito Previdenciário: uma análise
das regras, exceções e desafios 96
    Ciane Meneguzzi Pistorello

Planejamento Previdenciário Internacional 108
    Cristiane de Oliveira Marques Gonzaga

Da inaplicabilidade do artigo 46 da Lei n.º 9.099/95
nos Juizados Especiais Federais 120
    Geraldine Mieko Franco de Almeida

Atividade especial: como conquistar o
melhor benefício 130
    Maria Luiza Alves Abrahão

Com ou sem reconhecimento de vínculo trabalhista?
Como averbar a ação trabalhista no seu CNIS 144
    Marilu Ramos

O primeiro precatório para chamar de meu...
Aposentadoria especial 152
    Maytê Feliciano

Benefício indeferido por ausência de qualidade de segurado, e agora? Efetividade do período de graça e sua extensão na concessão de um benefício previdenciário pelo INSS 164
    Najara Lima

Previdenciarista, o caminho da dignidade passa por você! 176
    Renata Íris Dima

O planejamento previdenciário para professores 188
    Tatiane Soares Mataran

O poder de uma MENTORIA 200
    Andréia Roma

O dilema de uma aposentadoria rural nada convencional – "enquadramento x comprovação"

Maria Luiza Borges Santos

INSTAGRAM

Mãe, esposa, filha... Advogada autônoma especialista em Direito Previdenciário pela Universidade Anhanguera (Uniderp). Pós em Processo Civil concluído pela Unopar Anhanguera. Pós-graduanda em Direito Processual Civil pela LFG. Atuou por dois anos como estagiária da Defensoria Pública do Estado de Mato Grosso. Na sequência foi assessora voluntária de uma Vara Criminal por um ano. Atua desde 2017 como advogada autônoma, com dois escritórios físicos, um em Alta Floresta e outro em Paranaíta, ambos no Mato Grosso. Principais cursos de capacitação: Prática Previdenciária – 2019 – LFG; Prática em Benefícios Previdenciários – 2020 – Advocacia na Prática; Prestação de Contas Eleitorais Anuais – 2020 – TSE; Workshop Eleições 2020 – 2020 – ESA Nacional; Maratona do Melhor Benefício – 2021 – Jéssica Matias; Do Zero ao Melhor Benefício – 2021 – Jéssica Matias. Áreas de atuação: Previdenciário; Cível em geral; Família e Sucessão; Direito Eleitoral. Áreas de atuação: Direito Previdenciário e Direito Eleitoral.

Introdução

O maior desafio do advogado previdenciarista que atua em comarcas do interior, e que são voltadas à agricultura e ao agronegócio, é esclarecer que **nem toda pessoa que mora na área rural é segurado especial e vai se aposentar, precisando tão somente atingir a idade legal para tal.**

Isso porque existe um mito de que quem mora em área rural não precisa contribuir para a Previdência Social e atingindo 55 anos para mulher e 60 anos para homens a aposentadoria é certa. "Doce ilusão."

Mas quem é esse trabalhador rural? Apesar de maçante, inicialmente é necessário tecer breves comentários quanto ao enquadramento previdenciário legal do trabalhador rural.

O segurado trabalhador rural se divide em: Segurado Empregado com Vínculo, Segurado Contribuinte Individual, Segurado Trabalhador Avulso e o Segurado Especial.

Em conseguinte, o Segurado Especial se subdivide em Produtor Rural, Pescador Artesanal, Componente de Grupo Familiar (cônjuge, companheiro e filhos) e o Indígena.

Sendo o objeto deste capítulo o **Trabalhador Rural – Segurado Especial – Produtor Rural**, que será indicado neste material somente como Produtor Rural.

Tópico 1 – o produtor rural

O Produtor Rural é aquele labutador com direito a aposentadoria (em idade reduzida) e benefícios previdenciários sem a obrigação de contribuir **diretamente** aos cofres da autarquia.

Todo Produtor Rural precisa exercer labor rural, logo, quem recolherá as devidas contribuições previdenciárias é quem adquire a produção deste trabalhador ou ainda aquele que lhe fornece insumos.

O erro inicia-se quando se pensa que o Produtor Rural não precisa contribuir, **precisa sim**, o segurado especial na condição de trabalhador rural que comercializa sua produção paga impostos, logo, contribui sim para a Previdência Social nos ditames da **Constituição Federal, em seu artigo 195, §8º:**

> *"O produtor, o parceiro, o meeiro e o arrendatário rurais e o pescador artesanal, bem como os respectivos cônjuges, que exerçam suas atividades em regime de economia familiar, sem empregados permanentes, contribuirão para a seguridade social mediante a aplicação de uma alíquota sobre o resultado da comercialização da produção e farão jus aos benefícios nos termos da lei".*

O que garante o benefício da aposentadoria ao Produtor Rural não é a moradia rurícola, mas sim o efetivo labor rural, ainda que este seja exercido unicamente para consumo próprio, sem comercialização.

E como provar atividade rurícola para consumo próprio? Se você tem uma horta, ao comprar sementes você tem as notas fiscais como meio de prova.

Se você cria porcos e galinhas, precisa ter um cadastro nos órgãos competentes, logo, terá um saldo registrado, em muitos casos também comprará trato para esses animais, peça nota fiscal.

"Mas, Dra., eu nunca solicitei essas notas, tem solução?"

Tem sim, peça à Secretaria de Fazenda do seu Estado relação de notas fiscais emitidas em seu CPF.

Mas é só isso? Não, você precisa analisar as empresas que emitiram essas notas, verificar suas atividades econômicas (juntar cartão de CNPJ) e, se forem "lojas agropecuárias", bingo!, você já tem um liame para comprovar sua atividade rural.

E se não é o caso de atividade rural unicamente de subsistência, a situação pende para outro norte, neste caso as notas fiscais de venda são essenciais.

Como é cediço, em sua grande maioria os trabalhadores rurais são pessoas humildes e de baixa instrução, e soa quase como petulante explicar o indeferimento da aposentadoria, quando este ocorre.

E que me perdoe a advocacia primordial, mas separar notas e enviar ao INSS me parece meramente serviço de despachante e não condiz com a visão da advocacia atual.

E com a realidade contemporânea da grande oferta de profissionais do Direito, insistir na advocacia previdenciária de mero despachante é se fadar ao fracasso, é preciso mais, é preciso destaque, é preciso fazer a diferença.

Certa vez ouvi de um propenso cliente de aposentadoria rural a seguinte afirmação: **"Me disseram que um trabalhador rural nunca poderá receber mais de um salário mínimo"**. Eu pensei (em meu subconsciente) "que falta faz um especialista em Direito Previdenciário dedicado e antenado".

Aproveite esse nicho, se faça entender... **FAÇA A DIFERENÇA!**

Tópico 2 – produtor rural – entrevista e planejamento previdenciário rural (PPR)

Produtor Rural é a pessoa física, pequeno produtor que exerce atividade rural... **NÃO, não foque esta afirmação ultrapassada.**

Em meio a todo esse contexto legal existem algumas considerações importantes que podem beneficiar o segurado, saber a lei é de extrema importância, mas uma boa entrevista com o segurado pode salvar o seu processo.

Isso porque o papel lhe diz exatamente o que está nele, enquanto a entrevista o direciona para situações que os papéis jamais vão lhe indicar.

Os meus atendimentos rurais se iniciam sempre com uma breve conversa acompanhada do preenchimento de uma ficha e coleta de documentos.

Ressalto que a ficha não serve somente de base para esse cliente, mas para todo seu grupo familiar (pensamento à frente, não se limite); os documentos rurais servem para: cônjuge, companheiros e filhos solteiros.

Com esta ficha, faço o cadastro do cliente e do cônjuge em nosso sistema, agendamos a data de nascimento do cliente e do cônjuge, para que o escritório possa parabenizá-lo quando de seu aniversário. ← **Este é um vínculo de proximidade que seu escritório precisa ter.**

Não raramente quando analisamos o benefício de aposentadoria de um dos cônjuges encontramos a possibilidade de auxílio-doença ao outro cônjuge que ainda não preencheu o quesito idade para aposentadoria.

Com base na experiência do nosso escritório, posso afirmar que a grande maioria dos trabalhadores rurais não sabe que tem direito ao auxílio-doença.

Entrevista não é desperdício de tempo, nem é necessário seguir à risca sua ficha pré-pronta, as respostas do seu cliente vão conduzir você a outras e distintas perguntas.

Uma pergunta importantíssima é se ele já entrou na Justiça contra o INSS ou até mesmo contra terceiros. Imagine a seguinte situação: seu cliente (aposentadoria rural) tem uma ação trabalhista contra uma empresa, em momento concomitante com o período rural alegado; ainda que a ação não tenha sido improcedente, seu cliente reclamou situação previdenciária inversa àquilo que pretende alegar agora, e isso pode lhe trazer grandes embaraços.

Pergunte ao seu cliente que carro ele tem, pergunte ainda se algum filho, parente ou conhecido tirou carro em nome dele (situação muito recorrente pelos descontos concedidos ao produtor rural), isso porque o procurador federal em sede de audiência de instrução (em sendo situação de judicialização) vai ter estas informações em mãos e vai bombardear o segurado.

Certa vez, um processo muito bem instruído, com notas de venda de produtos rurais de mais de 15 (quinze) anos, propriedade que se enquadrava perfeitamente nos módulos rurais exigidos, enfim, tudo lindo, eis que surge a pergunta: "Que carro vocês têm?" A segurada, na maior ingenuidade, responde: "DUAS CAMINHONETES, inclusive uma nova que pegamos semana passada".

Detalhe que eles possuíam uma caminhonete superantiga, da qual eu tinha conhecimento e que não abalava em nada o processo; ocorre que o cônjuge da minha cliente recebeu de herança de seu pai uma caminhonete nova, uma semana antes da audiência.

Qual a conclusão do juízo? Um segurado especial com duas caminhonetes não se enquadra nos requisitos de uma agricultura familiar.

Por óbvio que recorremos e conseguimos reverter e explicar toda aquela situação, mas poderíamos ter evitado.

Hoje eu repito a entrevista um dia antes da audiência; errando e aprendendo.

Veja a necessidade de se construir uma linha do tempo e alinhar informações, um processo precisa ser bem instruído documentalmente, mas parte e patrono precisam estar alinhados.

Outra situação importantíssima é que com a entrevista você define o preenchimento da **autodeclaração rural**.

Só para não passar em branco, ao meu ver a autodeclaração é um "resumão" dos documentos juntados, e qual a sua principal finalidade? Facilitar o serviço de análise da autarquia, pois de nada adianta o que lá está escrito, se não houver documento corroborando.

Por fim, agendo uma nova conversa; se os documentos forem suficientes ao benefício pretendido, maravilha, e se não forem?

Neste momento é que entra em cena o <u>PLANEJAMENTO PREVIDENCIÁRIO RURAL (PPR).</u>

O Planejamento Previdenciário Rural é um meio muito eficaz de não depender unicamente do êxito em sede previdenciária, é uma das formas de manter as despesas fixas de seu escritório.

Você já deve ter ouvido a seguinte frase: "Planejamento para Segurado Especial? Trabalhador Rural nunca receberá mais de um salário mínimo".

Não é bem assim? **Existem exceções: Segurado especial que contribui facultativamente, Contribuinte individual que recolheu contribuições, Empregado rural e ainda Aposentadoria híbrida.**

Existem inúmeras vertentes para o PPR, mas o meu foco, o que atende a minha região é a **realização de diligências para encontrar documentos comprobatórios de períodos rurais pretéritos.**

Você precisa saber vender o seu planejamento, ele deve ser impresso, demonstrar autoridade, e o mais importante: você necessita realmente saber o que está fazendo e falando, seja conciso e claro especialmente em dois momentos; no da venda e no da apresentação do resultado.

Seu cliente precisa entender que tem a opção de comprar um PPR (sim, é um produto, é uma venda) e aumentar consideravelmente suas chances de conseguir uma aposentadoria ou se contentar com um benefício negado, qual decisão você acha que ele vai tomar?

E mais um detalhe importante de se ressaltar nesta etapa do atendimento, que o PPR vai beneficiar não somente o segurado, mas também o seu cônjuge e demais pessoas que integrem seu núcleo familiar. O famoso compra um e leva dois (risos).

De maneira bem suscinta, existem inúmeros meios de diligenciar e conseguir as provas documentais que seu cliente precisa, em sua grande maioria repartições públicas, serventias extrajudiciais, cartórios eleitorais, rede pública de saúde, entidades religiosas, cooperativas, associações, sindicatos, Poder Judiciário e a própria autarquia (INSS).

Se você tiver um pedido de benefício rural procedente com a utilização e a venda de um PPR, você sabe o que vai acontecer? Esse cliente vai voltar para casa e dizer a todos de sua comunidade que o Planejamento Previdenciário Rural funciona.

O melhor e maior marketing sempre serão seus benefícios deferidos.

Tópico 4 – o que NÃO descaracteriza um produtor rural

O previdenciarista precisa trabalhar direcionado a uma nova descrição do Produtor Rural, chega de analisar de forma grossa, vamos aos pormenores:

➔ Você sabia que o segurado especial – trabalhador rural **pode nem morar na propriedade rural** e ainda assim se enquadrar como segurado especial? A atual legislação permite que o segurado trabalhe na propriedade e resida em lugar distinto, aceita até mesmo que a moradia seja em área urbana.

Já parou para pensar quantas pessoas que moram na área urbana e têm chácara próximo à cidade e não sabem que se enquadram como segurado especial?

→ **Empregados eventuais**: a lei indica que é permitido 01 (um) funcionário por até 120 (cento e vinte) dias, mas você pode ter 2 (dois) funcionários por 60 dias cada um, ou 04 (quatro) funcionários por 30 dias.

→ **Não ter um documento para cada ano rural**: *não há necessidade de que o início de prova material abarque todo o período de trabalho rural, desde que todo o contexto probatório permita a formação de juízo seguro de convicção, pois está pacificado nos* tribunais que não é exigível a comprovação documental, ano a ano, do período pretendido. Lembrando a necessidade de corroborar esses documentos com prova testemunhal.

→ **Serviço urbano do cônjuge**: serviço urbano descaracteriza somente o membro do grupo familiar que descumpra a previsão da norma e labore em área urbana por mais de 120 dias no ano.

→ **Propriedade com mais de 4 módulos rurais até 2008 (artigo 110, §2º in 128):** é preciso discutir a área útil, área aproveitável, ou área explorada. A metragem do módulo rural varia de Estado para Estado, e em alguns há mais de um padrão de medição para módulo rural; invista no que favorece seu cliente, ou faça uma média desses padrões de medições.

Lembrando ainda que a delimitação de tamanho da propriedade rural somente passou a ser vigente em 2008, mais precisamente em 23/06/2008 quando da Lei nº 11.718/2008.

Outro fator significativo é que o tipo de vegetação interfere substancialmente no tamanho da propriedade rural, eis que em virtude desta parte da propriedade pode ser improdutiva.

Existe ainda uma falsa percepção de tamanho da propriedade rural quando se tem mais de um proprietário, é preciso ratear essa propriedade entre os condôminos. E se existem mais pessoas morando na propriedade, mas que não são proprietários? **Princípio da Analogia pode trabalhar o rateio da área também.**

→ **Trabalhar como empregado,** desde que exista na carteira de trabalho anotação de vínculo em propriedade rural, também lhe é garantida aposentadoria com idade reduzida.

→ **Trabalhar em área rural sem carteira assinada** não constitui óbice ante a não rara informalidade do campo, pois, nos dias de hoje, até mesmo os trabalhadores do meio urbano são compelidos, pela necessidade econômica e pelo desemprego, ao exercício de atividades informais, sem registro em carteira ou qualquer outra formalidade.

→ **Cadastro de empresa inativa,** desde que não tenha sido por longo período, e aliado a provas testemunhais, a empresa por si só não tem o condão de afastar a situação rural fática, lembrando sempre de arguir quanto à razoabilidade e proporcionalidade.

→ **Arrendamento da propriedade**. O arrendamento parcial da propriedade rural, por si só, não descaracteriza a condição de segurado especial; quando demonstrado que o grupo familiar permaneceu laborando na parte restante do imóvel, o mesmo é válido para contrato de parceria rural.

→ **Cônjuge receber BPC-LOAS**: a percepção de benefício assistencial pelo cônjuge não desqualifica a condição de segurado especial, uma vez que a renda oriunda do benefício assistencial não é suficiente para tornar dispensável o labor agrícola para a subsistência do núcleo familiar.

Vejam que a própria lei lhe permite flexibilizar os critérios, chega de absolutismo, esqueça os limites, trabalhe nas entrelinhas.

Faça o que é essencial, mas não faça somente o básico.

O que fazer se o requerente falecer no meio do processo?

Aleandra de Almeida Silva Ramos

INSTAGRAM

Advogada Especialista em Direito Previdenciário, com uma carreira sólida e diversificada, além de atuar no campo do Direito, também desempenha um papel fundamental como mentora e palestrante para advogados em todo o território nacional. Para ampliar ainda mais o alcance da sua missão, criou dois cursos especializados voltados para o Direito Previdenciário, elaborados para proporcionar um entendimento aprofundado das leis, regulamentos e práticas envolvidas na área previdenciária. Seu objetivo é contribuir para o desenvolvimento e aprimoramento da prática jurídica, proporcionando aos profissionais as ferramentas necessárias para enfrentar os desafios complexos do Direito Previdenciário.

É autora do livro "Guia Prático do BPC/LOAS – Parte 1 e 2". Essa obra foi criada com o intuito de tornar mais acessível o entendimento dos procedimentos e requisitos relacionados a esses benefícios, auxiliando quem precisa de assistência nessa área específica.

Sabemos que todos que possuem processos tramitando junto ao INSS têm muitas reclamações para serem feitas, tanto quanto ao sistema operacional, que muda constantemente e não existe um treinamento adequado para que os advogados ou o próprio requerente possa ter diretamente uma orientação precisa de como buscar o serviço pretendido, quanto à falta de alinhamento de interpretação dos servidores, pedidos com similaridades idênticas podem ter diferentes desfechos.

No entanto, sem dúvida a maior reclamação nos tempos atuais sobre o INSS é a demora na avaliação dos pedidos de benefícios. Porém, qual é o prazo limite dessa análise?

Quanto tempo o INSS demora para analisar um requerimento?

Compreender o funcionamento do processo é crucial para enfrentar a espera de maneira informada. Quando se trata de solicitar um benefício ao INSS, é natural que o requerente fique ansioso em relação ao período necessário para a conclusão. É essencial aprofundar a compreensão sobre o procedimento de análise do INSS para entender porque, às vezes, certos pedidos podem demorar tanto. Além disso, vamos explorar como é possível monitorar o progresso de um requerimento e, se for necessário, como acelerar o andamento, seja por meios administrativos ou judiciais.

Quais são as etapas de um processo no INSS?

Antes de mergulharmos nos prazos estipulados pelo INSS para avaliar um requerimento, é de suma importância que compreendamos as diferentes etapas do processo, pois isso afeta o tempo total. O processo é subdividido nas seguintes etapas:

1. Fase Inicial;

2. Fase Instrutória;

3. Fase Decisória.

A fase inicial é aquela pela qual o requerente, através do seu procurador (advogado) ou não, faz o requerimento e apresenta as provas que já tem disponíveis.

Após a submissão do pedido, o processo fica aguardando a primeira análise inicial por parte de um servidor, o que já pode levar mais de 60 dias para ser feito.

Após a análise inicial do pedido o processo pode progredir para a fase instrutória, na qual serão produzidas as provas, como a juntada adicional de documento, cumprimento de exigência quando necessário.

Normalmente, essa fase inicia-se com o INSS solicitando algum documento adicional, mas ela pode nem ser requerida.

Por exemplo, se o requerente já apresentou todos os documentos que são essenciais para a análise do pedido, é possível que o servidor decida o caso nessa primeira avaliação, eliminando assim a necessidade da fase instrutória.

Por fim, a fase decisória é aquela em que o servidor analisa o processo e efetivamente emite uma decisão definitiva em relação ao pedido.

Qual é o prazo do INSS para analisar um requerimento?

Agora que você já conhece as fases que um processo percorre, vamos analisar os prazos.

Sabe aquele ditado que diz que a teoria é uma coisa e a prática é outra? Bem, é justamente isso que acontece no que se refere ao tempo de análise de um requerimento no INSS.

Existem três prazos

O primeiro é estabelecido pela Lei nº 9.784/99 (que regulamenta o processo administrativo), a qual diz que a decisão deve ser proferida em 30 dias, prazo que pode ser prorrogado por mais 30 dias, desde que haja justificativa.

Se você tem um processo administrativo em andamento e percebeu que já se passaram entre 90 e 120 dias de demora para analisar um requerimento, já deve ter notado que esse prazo da lei não foi cumprido. Isso não é uma ocorrência isolada, visto que milhares de pessoas enfrentam essa demora.

Fato é que a excessiva lentidão se tornou tão recorrente que chegou até o Poder Judiciário, mais precisamente no STF. Nesse contexto, houve uma petição judicial para que o INSS realizasse uma perícia médica até uma data fixada pelo juiz, sob pena de o benefício por incapacidade solicitado ser implantado imediatamente e pago até a conclusão da perícia. Entretanto, adotar essa abordagem para todos os casos de demora do INSS causaria impactos substanciais nas finanças públicas. Portanto, um acordo foi firmado nesse processo judicial, estabelecendo prazos mínimos para a análise, dependendo do tipo de benefício e sua complexidade. Esse acordo foi homologado pelo STF e é o segundo prazo que deve ser aplicado na prática, ou seja, é necessário exigir que o INSS cumpra esses prazos. Os prazos fixados pelo acordo são os seguintes:

- Auxílio-acidente: 60 dias;

- Auxílio-reclusão: 60 dias;
- Auxílio por incapacidade (auxílio-doença ou aposentadoria por invalidez): 45 dias;
- BPC/LOAS: 90 dias;
- Demais aposentadorias: 90 dias;
- Salário-maternidade: 30 dias;
- Pensão por morte: 60 dias.

Portanto, atualmente, esses prazos são determinados por meio de uma decisão judicial no Recurso Extraordinário nº 1.171.152, quando o Tema 1.066 do STF foi julgado. É importante mencionar que estamos utilizando termos técnicos que podem ser difíceis de compreender, mas optamos por mantê-los como uma anotação para outros advogados que possam estar pesquisando esse tópico.

No entanto, é crucial lembrar as fases do processo explicadas anteriormente. Esses prazos só começam a ser contados após a instrução do processo, o que é justo. Não faz sentido exigir a conclusão de um processo em 60 dias, por exemplo, se a instrução demorar mais do que isso, especialmente considerando que frequentemente os documentos deveriam ter sido apresentados pelo requerente já na submissão inicial do pedido. Portanto, é normal que o processo leve mais de 90 dias para ser concluído; o problema real surge quando a demora ultrapassa o esperado, chegando a quase um ano para a conclusão.

E é aqui o nosso terceiro prazo: como funciona na prática

Agora, olhando para a prática, é possível constatar que alguns dos benefícios mencionados anteriormente são, de fato, finalizados em um curto espaço de tempo. São eles: salário-maternidade, auxílio-reclusão e pensão por morte, quando não é necessário ouvir testemunhas.

Com exceção a esses casos, que normalmente são finalizados de 30 a 90 dias, os prazos variam muito, podendo chegar a um ano, dependendo dos assuntos que são tratados.

Alguns temas são mais complexos e levam mais tempo, são eles:

- **Tempo especial:** quando você pede o reconhecimento de período de contribuição como especial, por ter trabalhado em local insalubre ou perigoso;
- **Perícia dupla:** alguns benefícios precisam de duas perícias, como a <u>aposentadoria para pessoas com deficiência</u>, o <u>BPC da LOAS</u> e dependentes inválidos ou com deficiência intelectual, mental ou grave, no caso de pensão por morte;
- **Testemunhas:** quando há necessidade de ouvir testemunhas para comprovar um fato, como o trabalho na roça ou uma união estável em um processo de pensão por morte.

Desdobramentos da Extrapolação de Prazos

Vimos que os prazos para o INSS julgar um pedido de benefício são determinados por uma decisão judicial, através de um acordo firmado.

No entanto, na prática, o que ocorre se o processo não for concluído dentro do prazo estabelecido? O acordo estipulou uma penalidade para o caso de descumprimento do prazo: o pagamento de juros moratórios a partir da data em que o prazo de julgamento do processo expira, calculado com base na remuneração da poupança. Além disso, os valores são corrigidos monetariamente pelo INPC, um procedimento que já era seguido anteriormente. Isso resulta em um valor adicional a ser recebido, por isso é crucial estar atento aos prazos. Se houver atraso, é necessário verificar se os juros foram pagos, a fim de não perder essa compensação. Caso seja constatado que os juros não foram pagos, é possível buscar judicialmente a cobrança desses valores.

Qual o rémedio para solucionar a demora?

Listei aqui três ações que possivelmente ajudaram a solucionar a demora.

1. Mandado de segurança

O <u>mandado de segurança</u> é uma ação judicial por meio da qual se pede que o juiz fixe um prazo para o INSS julgar o requerimento administrativo, sob pena de pagamento de multa.

Ou seja, se o INSS não concluir o requerimento no prazo, pagará uma multa, que pode ser diária, semanal ou qualquer outra frequência a ser fixada pelo magistrado.

Mas, para ser aceito, há uma condição: aqueles prazos vistos acima já devem ter sido ultrapassados, caso contrário, a ação não é aceita.

Cada magistrado tem o seu próprio entendimento quanto ao prazo a ser fixado para o INSS julgar o requerimento, mas a média é de 30 a 90 dias.

O mandado de segurança é uma medida muito eficaz, sendo que o INSS costuma proferir a decisão logo após ser intimado.

2. Impulsionamento

O impulsionamento é uma medida usada pelos advogados a fim de movimentar o pedido do feito.

É uma minipetição; o advogado conversa com o servidor perguntando se tem mais algum documento a ser analisado e se precisa de mais alguma informação para concluir a análise, tendo em vista que já foram feitas todas as diligências necessárias e produzidas todas as provas.

3. Ajuizamento por indeferimento tácito

É a recusa, por parte da Autarquia, da pretensão de um particular, operada automaticamente pela falta de resposta a um pedido deste, dentro do prazo legal.

Ou seja, não apreciado o pedido formulado admirativamente no prazo legal, torna-se o pedido sem resposta em indeferimento tácito, uma vez que a Autarquia, sendo provocada, não pode eximir-se em não responder, possibilitando assim o acesso à via judicial.

Designa-se por indeferimento tácito a negativação do feito diante da inércia na resposta mediante a provocação *"de um acto administrativo por um órgão competente"*.

– *Cf*. Artigo 1º e anexo da Lei nº 14/2011, de 10 de agosto, conjugado com a alínea e) do artigo 1º do Decreto nº 30/2001, de 15 de outubro.

Mas o que poucos sabem é que, em alguns casos, o requerente do benefício pode falecer antes que o processo seja finalizado. E, mesmo nessa circunstância, o processo pode prosseguir. A presença de indícios de que o requerente teria direito a resíduos do benefício justifica a análise do mérito, mesmo após a sua morte. O interesse jurídico dos herdeiros ou sucessores nos resíduos não recebidos em vida permanece válido. Em resumo, o falecimento do requerente não deve automaticamente resultar na extinção do processo, caso haja indícios de que os requisitos foram atendidos e que há direito aos resíduos não recebidos em vida.

Em situações como essa, os herdeiros do falecido se tornam parte ativa da ação. É importante ressaltar que, mesmo na ausência de análise pericial, nos casos que exigem a constatação de incapacidade laboral, o INSS encerrará o processo com um indeferimento, alegando a morte do requerente como motivo, sem a avaliação dos requisitos necessários para o reconhecimento do direito. Para buscar o recebimento dos valores retroativos, é necessário entrar com uma ação judicial. O nome dessa ação é "Recebimento dos Valores Retroativos Não Pagos". Os pedidos podem abranger o período entre a Data de Entrada do Requerimento (DER) e a data do óbito. No caso de falta de perícia de comprovação de incapacidade, é possível solicitar uma perícia médica indireta.

De acordo com o PARECER CFM Nº 4/2017: "O Perito Médico pode realizar uma PERÍCIA INDIRETA, se necessário, mediante designação da autoridade competente, com base em informações documentais ou em pesquisa de campo, quando não for possível realizar um exame pericial direto no segurado, como é o caso do óbito". Portanto, os casos que se beneficiariam de PERÍCIA INDIRETA (avaliação médica por meio de documentos), sem a necessidade de um exame físico direto (ou presencial), incluem:

- Óbito (descrito desde a inicial);
- Óbito do autor ocorrido durante o processo;
- Óbito fetal.

Diante do exposto, é fundamental requerer a realização de uma perícia médica de forma indireta, avaliando a deficiência/doença com base em laudos médicos e certificado de óbito apresentados nos autos, em relação a pedidos por incapacidade laborária.

Em se tratando de benefício assistencial (BPC/LOAS), poderá requerer-se que em perícia social seja aferido critério da renda com base no CadÚnico.

Mas ainda há a possibilidade de a perícia social também ser realizada na casa onde o requerente vivia de forma presencial, em se tratando de pessoas que possuem outros membros no grupo familiar.

Como observamos, dada a natureza abrangente das normas jurídicas, é necessário considerar as circunstâncias factuais de cada caso, comparando-as com as prescrições legais. Porém, nunca devemos perder de vista a intenção da lei, buscando sempre compreender o propósito por trás de uma determinada disposição legal. Por essas razões, o espólio do requerente tem direito a receber os pagamentos retroativos, uma vez que os requisitos legais para a concessão foram comprovados: deficiência física e carência financeira.

Competência e Legitimidade em Demandas de Previdência Complementar Fechada: Orientações Práticas e Reflexões

Ana Carolina Massa Gomes

LINKEDIN

Advogada com 20 anos de efetiva experiência jurídica, sócia- fundadora da Massa e Henrique Sousa Advogados Associados, graduada pela Universidade de Uberaba/MG, especialista em Direito do Trabalho pelo Instituto Processos desde 2007, atuação em contencioso de massa trabalhista por mais de 12 anos, breve passagem na administração pública, conhecimento em previdência pública e complementar, tendo coordenado o contencioso do 3º maior fundo de pensão do país por cinco anos, atualmente consultora jurídica e *compliance officer* no Instituto Latino-Americano de Governança e Compliance Público – IGCP, desempenhando atividades voltadas para capacitação em gestão de pessoas e equipes, liderança, inteligência emocional e boas práticas de governança corporativa, além de estruturação de departamento jurídico, implementação de políticas e normativos internos, com foco em controle de riscos e de provisões e execução de trabalhos estratégicos. Minha maior e mais bem-sucedida carreira é na maternidade dos gêmeos Antônio e João.

"O rio atinge seus objetivos porque aprendeu a contornar obstáculos." Lao Tsé

O difícil e satisfatório ofício de mentorar profissionais e estudantes que se interessam por uma área tão peculiar e, ainda, pouco explorada é que faz deste capítulo algo que me impulsiona a compartilhar minha vivência à frente de um dos maiores contenciosos previdenciários do Brasil.

A abordagem desse guia prático de previdência complementar fechada está intimamente vinculada a dois dos maiores desafios dos profissionais do Direito, a competência e a legitimidade no âmbito da previdência privada fechada.

Ao longo dessa mentoria irei apresentar orientações práticas e dicas para a adequada escolha do juízo e identificação das partes, tendo como pressuposto os Temas de Repercussão Geral do STF e também os Recursos Repetitivos do STJ, em estrita obediência aos arts. 926 e 927 do CPC, onde demandas em resolução de demandas repetitivas e em julgamento de recurso extraordinários e especial repetitivos devem ser observados pelos juízes e tribunais, diante da necessidade de uniformização da jurisprudência de modo a mantê-la estável, íntegra e coerente e, principalmente, para que sejam devidamente utilizados os princípios e a legislação específica.

Para maior facilidade dos colegas que estão iniciando sua jornada em Fundos de Pensão é importante que sempre tenham em mente:

- A Previdência Privada é autônoma e independente da Previdência do Regime Geral e do Regime Próprio;
- A legislação aplicável está nas Leis Complementares 108 e 109, ambas de 2001;
- A Constituição Federal em seu art. 202 estabelece os princípios básicos que devem estar presentes desde o início das petições ou defesas/contestações, de modo a garantir a possibilidade de enfretamento de eventual discussão pelo Supremo Tribunal Federal;
- As regras e princípios que regem a previdência privada fechada estão inseridos no Direito Privado;
- O Contrato Previdenciário, que na verdade é o Regulamento do Plano de Benefícios, é o instrumento jurídico que indicará os direitos e obrigações das partes;
- As condições contratuais previstas nos estatutos, regulamentos e planos de benefícios não integram o contrato de trabalho dos participantes, exceto se assim dispuserem;
- Além das Leis Complementares 108 e 109, de 2001, é preciso estar atento aos normativos da Previc – órgão regulador e fiscalizador da Previdência Complementar;
- O Fundo de Pensão – Entidade Fechada de Previdência Complementar – é uma entidade sem fins lucrativos e mero administrador do plano de benefício;
- Patrocinador e participantes são os responsáveis pelo pagamento das contribuições do plano de benefício, bem como os assistidos;
- O Fundo de Pensão não se confunde com os planos de benefícios que administram, sendo que aquela é operadora gestora dos planos e este é a universalidade de direitos e obrigações ao qual se vinculam participantes, assistidos, patrocinadores e instituidores.

Em agosto de 2014, o Supremo Tribunal Federal, em sede de repercussão geral (Tema 190), definiu que compete à justiça comum processar e julgar causas envolvendo complementação de aposentadoria por entidade de previdência privada e, num primeiro momento, essa mentoria parece inócua, mas o que ocorreu a partir dessa decisão foi uma enxurrada de várias outras decisões que têm causado muita discussão na seara da previdência complementar, razão pela qual o intuito deste trabalho é justamente trazer orientações críticas e aprofundadas dessas decisões.

Para conseguir auxiliar estudantes e profissionais da previdência complementar fechada é importante rememorar as teses fixadas para que seja feito o uso adequado delas, no tocante à competência e legitimidade.

Tema 190 STF

Tese firmada: Compete à Justiça comum o processamento de demandas ajuizadas contra entidades privadas de previdência com o propósito de obter complementação de aposentadoria, mantendo-se na Justiça Federal do Trabalho, até o trânsito em julgado e correspondente execução, todas as causas dessa espécie em que houver sido proferida sentença de mérito até 20/02/2013.

Tema 539 STJ

Tese firmada: Compete à Justiça Estadual processar e julgar litígios instaurados entre entidade de previdência privada e participante de seu plano de benefícios.

Tema 955 STJ

Tese firmada: I – A concessão do benefício de previdência complementar tem como pressuposto a prévia formação de reserva matemática, de forma a evitar o desequilíbrio atuarial dos planos. Em tais condições, quando já concedido o benefício de complementação de aposentadoria por entidade fechada de previdência privada, é inviável a inclusão dos reflexos das verbas remuneratórias (horas extras) reconhecidas pela Justiça do Trabalho nos cálculos da renda mensal inicial dos benefícios de complementação de aposentadoria;

II – Os eventuais prejuízos causados ao participante ou ao assistido que não puderam contribuir ao fundo na época apropriada ante o ato ilícito do empregador poderão ser reparados por meio de ação judicial a ser proposta contra a empresa ex-empregadora na Justiça do Trabalho;

III – Modulação de efeitos (art. 927, § 3º, do CPC/2015): para as demandas ajuizadas na Justiça Comum até a data do presente julgamento, e ainda sendo útil ao participante ou assistido, conforme as peculiaridades da causa, admite-se a inclusão dos reflexos de verbas remuneratórias (horas extras), reconhecidas pela Justiça do Trabalho, nos cálculos da renda mensal inicial dos benefícios de complementação de aposentadoria, condicionada à previsão regulamentar (expressa ou implícita) e à recomposição prévia e integral das reservas matemáticas com o aporte de valor a ser apurado por estudo técnico atuarial em cada caso;

IV – Nas reclamações trabalhistas em que o ex-empregador tiver sido condenado a recompor a reserva matemática, e sendo inviável a revisão da renda mensal inicial da aposentadoria complementar, os valores correspondentes a tal recomposição devem ser entregues ao participante ou assistido a título de reparação, evitando-se, igualmente, o enriquecimento sem causa do ente fechado de previdência complementar.

Tema 936 STJ

Tese firmada: I – A patrocinadora não possui legitimidade

passiva para litígios que envolvam participante/assistido e entidade fechada de previdência complementar, ligados estritamente ao plano previdenciário, como a concessão e a revisão de benefício ou o resgate da reserva de poupança, em virtude de sua personalidade jurídica autônoma.

II – Não se incluem no âmbito da matéria afetada as causas originadas de eventual ato ilícito, contratual ou extracontratual, praticado pelo patrocinador.

Tema 1.021 STJ

Tese firmada: I – "A concessão do benefício de previdência complementar tem como pressuposto a prévia formação de reserva matemática, de forma a evitar o desequilíbrio atuarial dos planos. Em tais condições, quando já concedido o benefício de complementação de aposentadoria por entidade fechada de previdência privada, é inviável a inclusão dos reflexos de quaisquer verbas remuneratórias reconhecidas pela Justiça do Trabalho nos cálculos da renda mensal inicial dos benefícios de complementação de aposentadoria."

II – "Os eventuais prejuízos causados ao participante ou ao assistido que não puderam contribuir ao fundo na época apropriada ante o ato ilícito do empregador poderão ser reparados por meio de ação judicial a ser proposta contra a empresa ex-empregadora na Justiça do Trabalho."

Tema 1.166 STF

Tese firmada: Compete à Justiça do Trabalho processar e julgar causas ajuizadas contra o empregador nas quais se pretenda o reconhecimento de verbas de natureza trabalhista e os reflexos nas respectivas contribuições para a entidade de previdência privada a ele vinculada.

Tenho que reconhecer que o Judiciário não facilitou a vida dos que militam na previdência privada. Isso porque, com a elevada produção de teses definidas, têm-se gerado uma enorme insegurança e instabilidade aos jurisdicionados e, principalmente, muitas interpretações dos causídicos sobre essas teses, o que se constata pelo vertiginoso aumento dos conflitos de competência na previdência complementar fechada.

A especificidade da matéria e a ausência de conhecimento especializado de muitos magistrados e, também, de advogados, têm levado a uma verdadeira maratona jurídica, repleta de desarmonia nas decisões, o que é extremamente prejudicial ao ramo da previdência complementar, que precisa de segurança jurídica e higidez para melhorar seus investimentos, uma das fontes de recursos utilizadas para cumprir a obrigação principal de pagar benefícios aos participantes.

Numa análise pouco analítica pode-se concluir que as decisões em sede de Repetitivo e Recurso Extraordinário aqui trazidas são antagônicas e violam a legislação previdenciária, isso porque ora colocam a justiça comum como sendo a justiça especializada para processar demandas que busquem revisão de benefício previdenciário, e noutro momento entendem pela competência da Justiça do Trabalho. Também se depreende que quanto à legitimidade existe a mesma "insegurança", eis que nas demandas de revisão de benefício ora temos o reconhecimento da ilegitimidade do patrocinador/empregador na lide, enquanto que em outras decisões tem-se justamente o oposto.

Como então devemos analisar essas decisões? Elas são contraditórias entre si ou existe coerência entre elas?

Ressalto, de antemão, que não há unanimidade entre os colegas da área sobre isso, nem no Judiciário, e justamente por isso é importante observar orientações que levarão à conclusão pessoal e ao árduo trabalho dos colegas, a depender da parte que patrocinam, haja vista que na previdência complementar existe a possibilidade de a demanda ser direcionada ao patrocinador e/ou à entidade fechada, conforme a natureza da ação.

Apesar da ausência de unanimidade, com base no longo período dedicado ao exercício da profissão e, principalmente, nos últimos cinco anos, enquanto gestora de contencioso jurídico de fundo de pensão, não me esquivarei de minha pretensão de auxiliar os colegas nesse deslinde, no qual registro meu entendimento de haver total compatibilidade e complementariedade das decisões proferidas pelos diversos Tribunais Superiores, conforme tratarei a seguir, sem pretensão de impor meu entendimento àqueles que divirjam do que passarei a tratar pormenorizadamente.

Tendo em vista o ponto focal desta mentoria, qual seja, a limitação às demandas que buscam revisão de benefícios previdenciários, o que, apesar da restrição imposta ainda permite entendimentos controvertidos de advogados e tribunais, mostra-se de certa forma evidente que o Judiciário buscou dar soluções para os participantes, soluções estas que passam necessariamente pela análise de algumas características que fundamentam o pedido de revisão de benefício e que, por consequência, conduzirão o juízo e a legitimidade passiva.

Assim, é preciso ter em mente essas três possibilidades quando o assunto é revisão de benefício previdenciário, em estrita aplicação e harmonia às teses já transcritas e à legislação vigente:

1) Litígio que busca única e estritamente a concessão, revisão ou complementação de um benefício previdenciário

Competência: Justiça Comum (Tema 190 STF e 539 do STJ)

Legitimidade passiva: Fundo de Pensão. Nesse caso não há legitimidade da patrocinadora para estar em juízo (Tema 936, I, STJ e 936, I, STJ) uma vez que a discussão cinge-se a uma análise do contrato e do plano previdenciário, não existindo amparo legal para a inclusão do patrocinador na lide.

2) Litígio que busca discutir direitos trabalhistas e a revisão do benefício previdenciário

Competência: Justiça do Trabalho (Tema 190 STF, Tema 539 STJ, Tema 955 II[1], e 1021, b do STJ e 1166 STF)

Legitimidade passiva: empregador/patrocinador (Tema 955, item II e IV, STJ e 1.021, b, do STJ e Tema 1.166 STF). Nesse caso não há legitimidade do Fundo de Pensão para estar em juízo (Tema 936, II, STJ e Tema 1.166 do STF).

3) Litígio que busca revisão de benefício por conta de ilícito contratual ou extracontratual, bem como a título de contribuição previdenciária ou reserva matemática que deveria ter sido devidamente recolhida ao plano do participante

Competência: Justiça do Trabalho (Tese 955 e 1.021 STJ c/c Tese 1.166 STF)

Legitimidade: participante e empregador (patrocinador). (Tese 955, item II do STJ e Tese 1.166 STF). Nesse caso também não há legitimidade do Fundo de Pensão para estar em juízo (Tese 936, II, STJ, Tema 955 e 1.021, II, STJ e 1.166 STF).

Como se verifica, a intenção máxima dessa mentoria é orientação quanto ao sentido de se trabalhar adequadamente com os Temas vinculantes dos Tribunais Superiores quanto à revisão de benefício de previdência privada fechada e, se for o caso, realizar a devida desafetação do Tema (*distingishing*) quando ou o ajuizamento ou a legitimidade estiver inadequada, principalmente porque tem sido recorrente ajuizamento de

---

[1] Houve modulação dos efeitos. Assim, existe possibilidade de algumas demandas estarem na justiça comum, mas deverão ser analisadas conforme a peculiaridade da causa para verificar a inclusão ou não dos reflexos reconhecidos na Justiça do Trabalho na renda mensal dos benefícios, desde que condicionada à previsão regulamentar e à recomposição prévia e integral da reserva matemática.

demandas que têm no polo passivo tanto o patrocinador como o Fundo de Pensão, situação esta que deve ser combatida.

Em síntese, nas demandas em que a pretensão do participante é a revisão de um benefício por conta de determinado direito trabalhista a ser reconhecido ou de violação de algum direito suprimido por conta de ato ilícito do empregador, seja contratual ou extracontratual, assim como o reconhecimento de verbas de natureza trabalhista e os reflexos nas contribuições para a entidade privada, mostra-se, a meu ver, cristalino, com base nos Temas 955, II, Tema 396 II, Tema 1.021 b, que compete à Justiça do Trabalho o processamento da ação, bem como é inequívoco que, no tocante à legitimidade, apenas o empregador/patrocinador deve estar na lide.

Desse modo, em ações dessa natureza em que há a manutenção ou inclusão da Entidade de Previdência Fechada tem-se que a inobservância da ilegitimidade do Fundo de Pensão gera um custo adicional à entidade, bem como a possibilidade de desvirtuamento da decisão, o que pode acarretar em condenação que obrigue a entidade ao recebimento de reserva matemática e ou contribuições que, por força de lei, não podem ser recebidas pelo Fundo Pensão, o que pode gerar outros problemas, haja vista que não poderão ser incorporados ao benefício, poderão causar enriquecimento sem causa, tal como previsto no Tema 955 IV, do STJ e, principalmente, porque podem acarretar a descaracterização da própria razão de ser do Fundo de Pensão, uma vez que o texto constitucional prescreve que as contribuições do empregados, os benefícios e as condições contratuais previstas nos regulamentos e planos de benefícios não integram o contrato de trabalho dos participantes (§ 2º, art. 202).

Não se pode justificar a manutenção do Fundo de Pensão na lide trabalhista ao equivocado argumento de que **(i)** a entidade precisa se manifestar sobre o recebimento ou não de contribuições e reserva matemática, **(ii)** ou de que a Justiça do Trabalho não observará o contrato previdenciário para julgar a demanda. Essa justificativa é rasa quando todas as teses firmadas reconhecem a personalidade jurídica autônoma da Entidade Fechada de Previdência Complementar.

Noutro giro, é imprescindível realizar a devida distinção dos temas e a desafetação do que pode ser utilizado no ajuizamento ou na decisão para manutenção ou inclusão do Fundo de Pensão neste tipo de lide, posto que, como bem fundamentado no item I do Tema 955 e também no Tema 1.021, ambos do STJ, se mostra cristalino que a concessão do benefício de previdência complementar tem como pressuposto a prévia formação de reserva matemática, de forma a evitar o desequilíbrio atuarial dos planos e que nessas condições, quando já concedido o benefício de complementação de aposentadoria por entidade fechada de previdência privada, é inviável a inclusão dos reflexos das verbas remuneratórias (horas extras ou quaisquer outros direitos reconhecidos pela Justiça do Trabalho) nos cálculos da renda mensal inicial dos benefícios de complementação de aposentadoria.

Como se não fosse suficiente o exposto acima, tem-se como verdadeira pá de cal o disposto no item b do Tema 1.021 STJ corroborado pelo Tema 1.166 do STJ, no qual os eventuais prejuízos causados aos participantes ou assistidos que não contribuíram na época própria deverão utilizar-se de ação judicial a ser proposta contra o ex-empregador (leia-se patrocinador), sendo tal demanda ajuizada na Justiça do Trabalho.

Por tudo que foi aqui tratado, espero ter auxiliado na compreensão das teses firmadas pelos Tribunais e cuja interpretação não pode gerar contradição quanto à competência e legitimidade das partes quando a pretensão é a revisão de benefício, e sim reforçar a independência do contrato previdenciário e a personalidade jurídica autônoma do Fundo de Pensão, que tem como missão administrar os planos de benefícios, gerindo patrimônio de contribuição dos participantes e patrocinador e/ou investidor com o objetivo de proporcionar um benefício complementar àqueles que voluntariamente se vincularam a um plano de benefício.

Da Grave Ofensa ao Dano Moral Previdenciário: o instrumento para assegurar a aplicação dos direitos sociais fundamentais básicos

Ana Rita Bodot

INSTAGRAM

Advogada, mãe da preciosa Giovana, nascida em Curitiba, Paraná. Formada em Direito pela Universidade Positivo. Especialista em Direito Contemporâneo com ênfase em Direito Público, também pela Universidade Positivo; especialista em Direito do Trabalho, Processual do Trabalho e Direito Previdenciário pela Escola da Associação dos Magistrados do Trabalho do Paraná; e membro efetivo e palestrante da Comissão de Direito Previdenciário da OAB Seção do Estado do Paraná. Ela ressalta que é um imenso prazer poder fazer parte do livro "Mulheres no Direito Previdenciário" e deseja que ele possa refletir todo o amor na atuação da advocacia previdenciária que tem consigo.

A obra que você tem em mãos neste momento; fazer parte dela não é só um privilégio; um desafio para a coautora que vos fala, mas também é uma grande responsabilidade. É a pretensão de desembaraçar esse tema a que tanto tenho apreço, tornando a leitura mais acessível do que geralmente costuma ser, sem perder os fundamentos e profundidade que ele clama.

É o tipo de trabalho que corre o risco de ser desafiador. Para tanto, conto também com a benignidade do leitor, que espero que possa tirar bastante proveito deste capítulo, e dos demais desta obra e edição, tanto para seu deleite quanto como ferramenta de estudo.

Amplamente disciplinado no Texto Constitucional (art. 5º, incisos V e X, da Constituição Federal), o instituto do dano moral, instituído no Código Civil de 1916, é tipificado por uma lesão causada à interesses de cunho não patrimonial, adentrando o âmago moral, psicológico e intelectual do indivíduo, conforme dispõe inclusive o artigo 186 do atual Código Civil, senão vejamos:

"TÍTULO III – Dos Atos Ilícitos

Art. 186

Aquele que, por ação ou omissão voluntária, negligência ou imprudência, violar direito e causar dano a outrem, ainda que exclusivamente moral, comete ato ilícito."

Como se vislumbra do artigo 186 do Código Civil, o ato ilícito é visualizado como a violação de direito ou prejuízo causado a outrem, por dolo ou culpa, tendo como característica fundamental a recomposição do dano resultante.

A responsabilidade civil pressupõe o ato ilícito, comissivo ou omissivo, a culpabilidade lato sensu, mediante dolo ou culpa, o dano, material ou moral e o nexo causal, entre o ato ilícito e o evento danoso.[1]

No mesmo sentido, a matéria referente à possibilidade de responsabilização civil do Estado por atos e omissões que ocasionem danos a particulares vem sendo estudada e debatida há décadas e já ocupou o centro de grandes debates no Plenário do Supremo Tribunal Federal.

Adentrando o âmbito previdenciário, para que a responsabilidade civil do Estado seja a ele imputada, é necessária a demonstração dos seguintes pressupostos: **a conduta lesiva do agente, o dano e o nexo de causalidade**.[2]

O Instituto Nacional do Seguro Social está sujeito ao regime jurídico administrativo de direito público e, consequentemente, aos parâmetros da responsabilidade objetiva pela teoria do risco administrativo (Teoria segundo a qual a responsabilidade civil do Estado é objetiva, sendo suficiente demonstrar o dano decorrente da sua atuação.)[3], impondo-se o enquadramento dos atos lesivos por ela praticados no vigor do artigo 37, § 6º da Constituição Federal. Eis a disposição do comando constitucional em análise:

---

[1] AMADO, Frederico. Curso de Direito e Processo Previdenciário. Juspodivm, 7ª Edição. Bahia. 2015.
[2] AMADO, Frederico. Curso de Direito e Processo Previdenciário. Juspodivm, 7ª Edição. Bahia. 2015.
[3] Disponível em: https://portal.stf.jus.br/jurisprudencia/tesauro/pesquisa.asp?pesquisaLivre=TEORIA%20DO%20RISCO Acesso em: 27 nov 2023.

Art. 37. (...)

§ 6º As pessoas jurídicas de direito público e as de direito privado prestadoras de serviços públicos responderão pelos danos que seus agentes, nessa qualidade, causarem a terceiros, assegurado o direito de regresso contra o responsável nos casos de dolo ou culpa."

A Constituição Federal, no art. 37, § 6º, consagra a responsabilidade civil objetiva das pessoas jurídicas de direito público e das pessoas de direito privado prestadoras de serviços públicos, ensejando a aplicação da teoria do risco administrativo.

Para que o ente público responda objetivamente pela teoria do risco administrativo, é suficiente que se prove a sua conduta, o resultado danoso e o nexo de causa e efeito entre ambos.

Destaca-se que, ao não agir com a prudência exigida constitucionalmente de um órgão público, tal ato acaba por causar danos, tanto materiais como morais, que consistem nas limitações cotidianas criadas ao segurado, ou pela redução involuntária e repentina do seu próprio orçamento, ou pela solução de vasculhar os cantos administrativos da Autarquia sem obter uma resposta útil ao seu problema.[4]

Ao observamos a jurisprudência pátria, nota-se que o C. Superior Tribunal de Justiça tem se posicionado, como regra geral, no sentido de que o dano moral deve ser demonstrado, ressalvadas determinadas hipóteses em que a presunção é admitida em regime de exceção (a exemplo da inscrição indevida em cadastro de inadimplentes).

O dano moral indenizável é aquele que ultrapassa o "mero dissabor", de forma que não se afiguram dano moral o desconforto, o aborrecimento, o contratempo e a mágoa inerentes ao convívio social, ou, ainda, o excesso de sensibilidade e a indignação da parte.

---

[4] AGOSTINHO, Theodoro Vicente e SALVADOR, Sérgio Henrique. Dano Moral Previdenciário. São Paulo: LUJUR, 2023.

Cito um caso da jurisprudência: TRF-3 – ApCiv: 00131361320164036102 SP, Relator: Desembargador Federal OTAVIO HENRIQUE MARTINS PORT, Data de Julgamento: 11/02/2022, 6ª Turma, Data de Publicação: Intimação via sistema DATA: 16/02/2022.

No caso pretendeu a parte apelada a condenação do INSS a indenizar-lhe por suposto dano moral, em virtude do indeferimento do benefício de pensão por morte – O caso dos autos atrai a aplicação da regra geral de que o dano moral deve ser comprovado – Somente se cogita de dano moral quando demonstrada violação a direito subjetivo e consequentemente abalo moral em virtude de procedimento flagrantemente abusivo por parte da Administração – Não se trata de mero exercício regular do direito e da atividade do INSS no sentido de analisar o pedido de benefício previdenciário e, com base nos documentos apresentados e fatos narrados, indeferir o requerimento.

A negativa da concessão decorreu de erro injustificável da autarquia, pois, mesmo ciente do preenchimento dos requisitos para concessão do benefício, indeferiu-o administrativamente e manteve a mesma postura incorreta na ação judicial que, inclusive, culminou em sua condenação por litigância de má-fé.

Em decisão fica evidente que não há qualquer indício de que a parte autora tenha concorrido com o erro perpetrado pela autarquia – Benefício de caráter alimentar. A família, àquela época, apresentava condição econômica comprometedora, como demonstrado na última remuneração do falecido. Assim evidente o prejuízo sofrido pela parte demandante, que à época do falecimento de seu pai contava com apenas um ano de idade, necessitando de constantes cuidados e gerando, incontestavelmente, significativa despesa econômica, como qualquer bebê – Comprovada a negligência ou imperícia por parte do INSS ao negar benefício previdenciário, quando lhe era claramente devido, permite concluir pela existência do dano moral indenizável - Sucumbência recursal. Aplicação da regra do § 11 do artigo 85 do CPC/2015.

Em detida análise do caso supramencionado, restou, de fato, caracterizada falha operacional que resultou no indeferimento indevido do benefício almejado (pensão por morte), ocasionando privação indevida dos recursos assistenciais em desfavor da parte autora no contexto comprometedor em que vivia, e que o ato da Autarquia teve implicações socioeconômicas diretas inequivocamente graves.

Em um segundo caso:

TRF-4 – AC: 50015859420224047206 SC, Relator: PAULO AFONSO BRUM VAZ. Data de Julgamento: 14/03/2023, NONA TURMA

PREVIDENCIÁRIO. CANCELAMENTO INDEVIDO DE BPC. DANO MORAL. REQUISITOS. HIPÓTESE DE PRESUNÇÃO DE ABALO DECORRENTE DA CONDIÇÃO DE VULNERABILIDADE DA FAMÍLIA ASSISTIDA.

1 – É devida a indenização por dano moral causado pela cessação indevida de benefício assistencial pelo INSS, deixando de observar os dados objetivos que ensejam a manutenção da prestação.

2 – Há situações em que o procedimento flagrantemente abusivo ou ilegal praticado pela Administração, aliado à condição de fragilidade do segurado, independentemente de outras provas, aperfeiçoam o abalo moral. Na hipótese, a família comprovadamente em situação de vulnerabilidade, com o cancelamento arbitrário da prestação assistencial (BPC), ficou sem meios de subsistência por mais de seis meses.

3 – Mantido o valor de R$ 10.000,00 (dez mil reais), montante fixado na sentença a título de dano moral, porquanto

em consonância com o valor de caráter alimentar privado da demandante e na linha da jurisprudência.

4 – Recurso desprovido.

Para enriquecimento do trabalho, ainda, cito uma terceira e última jurisprudência que é causa recorrente de procura dos segurados por assistência no escritório:

TRF-3 – ApCiv: 50059935420174036100 SP, Relator: Desembargador Federal CECILIA MARIA PIEDRA MARCONDES. Data de Julgamento: 21/02/2020, 3ª Turma, Data de Publicação: e – DJF3 Judicial 1 DATA: 02/03/2020

ADMINISTRATIVO – PROCESSUAL CIVIL – RESPONSABILIDADE CIVIL – EMPRÉSTIMOS CONSIGNADOS FRAUDULENTOS – DESCONTO EM BENEFÍCIO PREVIDENCIÁRIO – RESPONSABILIDADE DA INSTITUIÇÃO FINANCEIRA E DO INSS – DANOS MATERIAIS E MORAIS COMPROVADOS – SOLIDARIEDADE – APELAÇÃO DA AUTORA PROVIDA.

1 – De acordo com a jurisprudência pacífica, em se tratando de empréstimo consignado obtido fraudulentamente junto a instituição financeira, o INSS está legitimado a figurar no polo passivo de ações indenizatórias.

2 – A prova pericial deixou inconteste que dentre os 19 (dezenove) contratos de empréstimo analisados a autora somente assinou os de nºs 796935033 e 805629858. Conquanto a autora também não reconheça o lançamento de sua assinatura nesses dois contratos, este juízo não dispõe de elementos de convencimento suficientes, diante da prova técnica, para determinar a anulação destes pactos. O juízo de possibilidade e de plausibilidade não favorece o autor da lide, mas sim ao réu ("in dubio pro reo").

3 – A Lei nº 10.820/2003, com as alterações introduzidas pelas Leis nºs 10.953/04 e 13.172/2015, ao dispor sobre

o empréstimo consignado, elenca no § 2º de seu artigo 6º que a responsabilidade do INSS em relação às operações restringe-se à (i) retenção dos valores autorizados pelo beneficiário e repasse à instituição consignatária nas operações de desconto, não cabendo à autarquia responsabilidade solidária pelos débitos contratados pelo segurado e (ii) manutenção dos pagamentos do titular do benefício na mesma instituição financeira enquanto houver saldo devedor nas operações em que for autorizada a retenção, não cabendo à autarquia responsabilidade solidária pelos débitos contratados pelo segurado. Em pedido de uniformização de interpretação da lei (processo nº 0500796-67.2017.4.05.8307/PE), a Turma Nacional de Uniformização entendeu que "o INSS pode ser civilmente responsabilizado por danos patrimoniais ou extrapatrimoniais, caso demonstrada negligência, por omissão injustificada no desempenho do dever de fiscalização, se os empréstimos consignados forem concedidos, de forma fraudulenta, por instituições financeiras distintas daquelas responsáveis pelo pagamento dos benefícios previdenciários. A responsabilidade do INSS, nessa hipótese, é subsidiária em relação à responsabilidade civil da instituição financeira". A tese encontra respaldo em precedente do STJ: AgRg no REsp 1445011/RS, 2ª Turma, Rel. Min. Herman Benjamin, j. 10.11.2016, DJe 30.11.2016.

4 – Na hipótese dos autos os empréstimos foram obtidos junto ao Banco Bradesco S/A (réu) enquanto a autora recebia seu benefício previdenciário junto ao Banco Itaú S/A. Configuradas, assim, legitimidade e responsabilidade da autarquia previdenciária (ré) que não exerceu o dever de fiscalização sobre os empréstimos consignados, atitude que poderia evitar ou ao menos minimizar a ocorrência de fraudes.

5 – São requisitos para a fixação da responsabilidade civil: ação ou omissão do agente, culpa, nexo causal e dano. A omissão é evidente, pois o INSS não exerceu seu papel fiscalizatório de conferência de dados referentes ao empréstimo consignado. A culpa é presumida, nos termos do artigo 37, § 6º, da Constituição Federal, ainda que se trate de omissão, consoante reconhece a jurisprudência do Supremo Tribunal Federal: ARE 1207942 AgR/PE, 2ª Turma, Rel. Min. Ricardo Lewandowski, j. 30.08.2019, DJe 04.09.2019; RE 598356/SP, 1ª Turma, Rel. Min. Marco Aurélio, j. 08.05.2018, DJe 31.07.2018. Nexo causal é a relação de causalidade entre o fato ilícito e o dano por ele produzido, presentes na espécie diante da obtenção de empréstimo por interposta pessoa (empréstimo fraudulento). Finalmente, dano é a lesão a qualquer bem jurídico.

6 – Os inúmeros documentos trazidos com a petição inicial, aliados à conclusão da perícia judicial, mostram de forma inabalável que a autora foi vítima de fraudes nas quais malfeitores, valendo-se de seus dados cadastrais, obtiveram empréstimos junto a instituições financeiras cujos pagamentos foram descontados de seu benefício previdenciário. Os danos patrimoniais, consubstanciados nos valores descontados da aposentadoria, devem ser integralmente restituídos à autora. Descabe, como quer a instituição financeira, o abatimento dos valores creditados, porque a autora não foi beneficiária dos empréstimos, nada recebendo do banco apelante.

7 – O significativo desconforto da autora, traduzido no comprometimento de sua principal fonte de renda, na privação de recursos necessários à subsistência, transborda a esfera do mero aborrecimento e configura dano moral indenizável. Sopesados os fatores, dentre os quais a situação social e econômica dos envolvidos,

bem como o grau de culpa, comporta majoração a verba indenizatória, que fica estabelecida em R$ 15.000,00 (quinze mil reais), a ser paga de forma solidária entre os réus (artigo 942 CC).

8 – Verba sucumbencial fixada em 15% (quinze por cento) sobre o valor da condenação, conforme artigo 85, §§ 2º e 11 do CPC.

9 – Apelação da instituição financeira improvida. Provido a apelação da autora para determinar a condenação solidária do INSS e para majorar o valor da indenização pelos danos morais.

Destaca-se que sim, responde o INSS por desconto indevido do benefício previdenciário de valores referentes a empréstimo em consignação, pois deu-se sem autorização do beneficiário, já que o contrato bancário foi realizado sem a sua participação.

Os danos morais decorrentes da privação involuntária de verba alimentar e da angústia causada por tal situação são considerados *in re ipsa*, isto é, dispensam a prova do prejuízo.

Diante desses cenários, as situações fáticas postas e aqui apresentadas causaram evidente abalo na vida pessoal das vítimas, equivalente à ofensa às suas honras, intimidades, e às suas vidas privadas, nos temos da Constituição Federal Brasileira.

Resta evidenciado, assim, o nexo causal entre os eventos danosos e a conduta do INSS e, inexistindo quaisquer causas excludentes, tais como culpa exclusiva do autor, caso fortuito ou força maior, atendidos estão os pressupostos necessários para ensejar a responsabilidade civil do promovido. Assim, mostram-se adequadas as decisões que reconheceram a ocorrência de danos morais.

Sendo o dano moral instrumento de proteção e amparo da estrutura previdenciária, este capítulo é um trabalho muito caro, para mim, pois, considerando os direitos sociais envolvidos, tenho a expectativa de, ao longo do tempo, ter a chance de aprimorá-lo sempre, suprindo suas deficiências, localizando referências que por ora não conseguimos localizar e corrigindo eventuais problemas e seguindo toda atualização. Afinal, que seja nosso objetivo utilizar os meios necessários para que ninguém seja privado do mínimo existencial.[5]

Referências

AGOSTINHO, Theodoro Vicente e SALVADOR, Sérgio Henrique. Dano Moral Previdenciário. São Paulo: LUJUR, 2023.

AMADO, Frederico. Curso de Direito e Processo Previdenciário. Juspodivm, 7ª Edição. Bahia: 2015.

FOLMAN, Melissa; SACHSER, Gustavo Zimmerman. Atendimento ao Cliente Previdenciário no RGPS. Curitiba: LUJUR, 2023.

IBRAHIM, Fábio Zambitte. Curso de direito previdenciário. 10. ed. Niterói, RJ: Impetus, 2014.

---

[5] AGOSTINHO, Theodoro Vicente e SALVADOR, Sérgio Henrique. Dano Moral Previdenciário. São Paulo: LUJUR, 2023.

Pensão por morte: a proteção social diante do evento gerador do estado de necessidade dos dependentes

Anilda Neves

INSTAGRAM

Graduada em Direito pela Uninassau de Salvador (2017), Advogada Previdenciarista com Especialização em Direito e Processo Previdenciário RGPS pelo Ieprev (2021), atuação administrativa e judicial junto ao INSS, pós-graduada em Direito e Prática Trabalhista, Compliance e LGPD (Ieprev), membro da Comissão Especial de Direito Previdenciário e também da Comissão de Direitos Sociais, ambas da OAB/BA. Atualmente faz parte do escritório de Advocacia AGM Advogados Associados, com endereço profissional no Comércio, Salvador, BA. Mãe de dois universitários, fascinada pela arte de aprender, partilhar conhecimento e vivenciar as transformações resultantes do conhecimento aplicado.

Pensão por morte: conceito e base legal

A pensão por morte é um benefício previdenciário concedido aos dependentes do segurado da Previdência Social, homem ou mulher, em virtude de seu falecimento real ou ainda em caso de morte presumida, com a finalidade de substituir a remuneração do segurado que deixa dependentes, de modo a garantir-lhes a subsistência.

A pensão por morte está legalmente fundamentada na Constituição Federal, art. 201, I, na Lei de Benefícios nº 8.213/1991, bem como nos arts. 105 a 115 do Decreto nº 3.048/1999 e pode ser de natureza comum ou ainda acidentária.

Objetiva o poder constituinte garantir proteção social aos dependentes do segurado obrigatório ou facultativo, a partir do evento morte, apto a legitimar o surgimento da relação jurídica entre estes e a Previdência, resultando na concessão do benefício previdenciário de pensão por morte.

A EC103/2019 prevê distinção no cálculo do valor do benefício, a partir da causa do óbito, havendo diferenciação entre casos de morte de causas comum e os casos de falecimento decorrente de acidente de trabalho ou ainda doença ocupacional. Outro aspecto igualmente importante decorrente dessa distinção se dá no tocante à competência jurisdicional: para concessão e revisão do benefício, será competente a Justiça Federal ou Estadual, e nos casos de reflexos que podem originar dentre outros direitos a exigir reparação de quem deu causa ao acidente do trabalho, a competência será da Justiça do Trabalho.

Para que o benefício seja concedido é necessário que estejam presentes os requisitos de qualidade de segurado do falecido, a morte real ou ainda presumida deste, existência de dependentes do falecido aptos a se habilitarem como dependentes e beneficiários perante o INSS.

Merecem atenção os casos de falecimentos a partir de 15.01.2015, pois caberá ao cônjuge, companheiro ou à companheira o encargo de fazer prova de que o óbito aconteceu após o de cujus ter vertido 18 contribuições mensais e, ainda que o casamento ou união estável estivesse consolidado há pelo menos dois anos, exceto em casos de morte resultante de acidente de qualquer natureza ou ainda em casos de doença profissional ou mesmo do trabalho, ou ainda em casos de invalidez ou deficiência do cônjuge.

Identificando na prática os requisitos para a concessão da pensão por morte

Através de um caso prático, vamos analisar a importância de identificar corretamente os requisitos instituidores da pensão por morte, de modo a garantir a concessão do benefício previdenciário e, ainda que seja negado na esfera administrativa, uma vez identificado o direito, acionar a jurisdição estatal para garantir a concessão do benefício. No caso em tela, compreender a extensão da qualidade de segurado foi determinante para dar seguimento no pedido de concessão da pensão por morte para a cônjuge.

Uma senhora perdeu seu companheiro em 13/01/2021, era casada há 11 anos, e convivente anteriormente por 23 anos com o falecido, com quem teve quatro filhos, o primeiro nascido em 1987, procedeu com o requerimento administrativo do benefício previdenciário de pensão por morte, na qualidade de cônjuge dependente deste, tendo seu pedido indeferido, sob a fundamentação de que o mesmo na data do óbito já não ostentava qualidade de segurado.

A cliente procurou-me como advogada previdenciarista e relatou os fatos, incluindo o indeferimento, destacando sua situação de total ausência de recursos para sua subsistência em razão do óbito do companheiro, com quase 60 anos de idade, durante todo o tempo de convivência nunca havia trabalhado fora de casa, ficando responsável pelo trabalho doméstico e cuidado dos filhos, e agora estava desamparada e o benefício fora negado.

Para que me fosse possível proceder com um atendimento adequado, agendei uma consulta presencial, e no dia e horário marcado a viúva chegou acompanhada de sua filha, trazendo consigo os documentos que solicitei: certidão de óbito do cônjuge, certidão de casamento, carteiras de trabalho e previdência social (CTPS), RG e CPF, documentos referentes ao último vínculo de trabalho, login e senha para acessar a plataforma do Meu INSS e carnês de contribuição individual, se os tivesse.

A contratação de meus serviços se deu em razão da indicação de uma vizinha também viúva que teve concedida a pensão por morte através de minha atuação junto ao INSS. Assim, após assinatura de procuração, declaração de hipossuficiência e contrato de serviços advocatícios, eu estava devidamente habilitada como sua advogada para atuar naquela demanda.

A lei de benefícios 8.213/1991, em seu art.15 caput, II prevê a manutenção da qualidade de segurado, independentemente de contribuições por até 12 (doze) meses após a cessação das contribuições, o segurado que deixar de exercer atividade remunerada abrangida pela Previdência Social ou estiver suspenso ou licenciado sem remuneração.

O último vínculo do falecido com carteira assinada antes do óbito teve duração de um mês e oito dias, resultando na manutenção da qualidade de segurado por 12 meses, acrescido do prazo para recolhimento da contribuição individual para garantia da proteção previdenciária, que se estende até o dia 15 do mês seguinte, podendo se prolongar por um ou mais dias, em caso de a data de pagamento coincidir com dias não úteis, como sábados, domingos e feriados. O óbito se deu dois dias antes da perda da qualidade de segurado, o que garantiu a instituição da pensão por morte do falecido para sua companheira.

Da análise dos documentos solicitados em conjunto com o processo administrativo, identifiquei a qualidade de segurado no momento do óbito, conforme previsão na Lei de Benefício nº 8.213/1991 e no Decreto 3.048/1999, com as atualizações do Decreto 10.410/2020, que reconhecem como período de graça o lapso temporal em que é mantida a qualidade de segurado do indivíduo que continua filiado ao Regime Geral de Previdência Social, embora não esteja contribuindo. Durante o período de carência a qualidade de segurado é preservada, sem depender de contribuições, garantindo todos os direitos junto à Previdência Social, desde que observados os prazos na lei acima mencionados.

A importância do olhar do especialista

O ponto determinante para o êxito neste caso foi identificar corretamente a extensão da qualidade de segurado, considerando que seu último vínculo com carteira assinada teve duração de pouco mais de um mês, e o desconhecimento dos requisitos legais para manutenção da proteção previdenciária pode resultar em análise equivocada de ausência de direito, como aconteceu com a cliente, que relatou ter consultado dois profissionais antes de me procurar e ambos afirmaram a inexistência de direito ao benefício pretendido.

Inicialmente destacamos que é importante compreender quando de fato tem fim a qualidade de segurado de acordo com cada tipo de contribuinte da Previdência Social, pois a norma pode levar o intérprete a julgar que haja contradição entre os prazos definidos pelo art. 15 da Lei nº 8.213/1999 e a data limite do período de carência, também conhecido como período de graça, nos termos do §4º do art.15.

Contextualizando o caso em análise, o segurado desempregado durante o lapso temporal denominado período de graça não efetua contribuições, mas continua tendo a cobertura da Previdência Social em caso de contingência que enseje direito a benefícios previdenciários, neste caso a pensão por morte. Merece atenção o momento em que expira o período de graça sem que este volte a ter sua carteira assinada, devendo o indivíduo filiar-se na categoria de contribuinte facultativo, se naquele momento não estiver exercendo atividade remunerada, ou como contribuinte individual caso esteja trabalhando como autônomo.

Deve ser observado o prazo de recolhimento da contribuição que é o dia 15 do mês subsequente ao da competência, de modo que, se o período de graça expirar em janeiro, a primeira contribuição como facultativo ou contribuinte individual deverá ser feita sobre o mês de janeiro. Por sua vez, o pagamento desta contribuição deve ser feito até o dia 15 do mês seguinte, ou seja, 15 de fevereiro, observando ainda se o décimo quinto dia corresponder a dias não úteis como sábado, domingo e feriado, a data para pagamento será o primeiro dia útil subsequente.

No caso em análise, como o segurado falecido teve seu último vínculo na qualidade de contribuinte obrigatório devidamente anotado em carteira de trabalho, o período de graça estendia-se não apenas por 12 meses, mas em verdade por 13 meses e 15 dias, de acordo com a exegese do §4º do art. 15 da Lei nº 8.213/1999, o que garantiu o direito da viúva requerer a pensão por morte junto ao INSS, em razão do óbito ter acontecido no antepenúltimo dia que antecedia a perda da qualidade de segurado, mais precisamente no 13º dia após o 13º mês de encerramento do vínculo.

A oportunidade de resolver este caso foi muito importante

em minha atuação prática, tanto que na petição inicial eu descrevi os fatos de forma clara e objetiva, destacando o último vinculo com registro das datas de admissão e demissão, juntei ainda o cálculo feito na calculadora de qualidade de segurado do Cálculo Jurídico, disponível no link https://calculojuridico.com.br/calculadora-de-qualidade-de-segurado-cj/, demonstrando claramente a presença dos requisitos instituidores da pensão por morte.

No despacho, o juízo procedeu com a intimação à Autarquia Federal para que no prazo de lei apresentasse contestação ou, querendo, oferecesse um acordo, de modo que recebi com muita satisfação a proposta de acordo do INSS trazida nos autos, reconhecendo o direito à concessão da pensão por morte, com o pagamento dos valores desde a data do óbito.

Como resultado de uma análise técnica precisa do caso desde o primeiro atendimento, bem como a importância da correta identificação dos fundamentos do Direito, e ainda uma petição inicial clara, objetiva, contendo os elementos que fundamentam o direito da requerente, possibilitou-se que entre a distribuição da ação e a sentença determinando a implantação do benefício transcorressem apenas seis meses. A clareza da exposição dos fatos e o conhecimento dos fundamentos do Direito contribuíram e muito para a celeridade do resultado.

Em minha atuação como advogada, tenho primado pela objetividade nas petições, buscando viabilizar que o juízo possa compreender o que acomete o requerente, trazendo uma linha do tempo dos fatos de modo a possibilitar que o magistrado possa conhecer o caminho percorrido até o momento em que foi acionada a jurisdição estatal.

É de nosso conhecimento o crescente número de ações previdenciárias diariamente distribuídas que resultam em um número cada vez maior de demandas propostas nos Juizados Federais, sabemos da urgência de cada pedido, sendo a verba deste peticionante de natureza alimentar, e nesse sentido é importante que o advogado possa trazer petições que possibilitem a leitura e provimento.

Na elaboração das petições, utilizo imagens dos principais documentos que vão dando corpo ao relato dos fatos e possibilitam ao juízo tomar conhecimento de informações que comprovam o direito pretendido ao tempo em que vai conhecendo um pouco da história do autor da ação. Tenho utilizado também elementos da tipografia jurídica para trazer um texto visualmente harmonioso e agradável de ler, e desejando que receba a atenção que lhe é devida para garantir a apreciação do direito requerido.

Para quem está iniciando na prática, considero que um bom atendimento em conjunto com o conhecimento da matéria é determinante para o êxito. O atendimento deve ser conduzido de modo a permitir que o cliente se sinta acolhido para relatar os fatos sem julgamentos, o uso de uma ficha de atendimento ao cliente otimiza o trabalho e permite colher informações necessárias à elaboração do requerimento administrativo ou ainda da petição inicial.

É importante uma escuta ativa, pois é comum o cliente relatar algumas situações e suprimir detalhes que ele julga desnecessários e que muitas vezes são informações que nos permitem acessar dados muito importantes para a solução da questão.

Quando eu ingressei na faculdade para cursar Direito, meu objetivo era ser uma advogada previdenciarista, mas a ausência da matéria na grade curricular me levou à dedicação e foco em Direito do Trabalho, igualmente importante como o Previdenciário, ao ponto de ambos caminharem de formas autônomas, porém paralelas.

Ao concluir a graduação, antes mesmo da aprovação no exame da Ordem eu já estava matriculada na pós-graduação em Direito e Processo Previdenciário, além de participar de seminários, congressos, palestras e demais eventos abordando a matéria previdenciária. O importante era me manter próxima da matéria através dos eventos disponíveis para aprender a pensar o Direito Previdenciário.

Para desenvolver a prática inicialmente na esfera administrativa eu busquei cursos ministrados por advogados que foram servidores do INSS, pois eles tinham informações que me permitiram a concessão de mais de 90% de meus requerimentos, evitando a judicialização de tais pedidos. Para a atuação na esfera judicial foi importante estudar os procedimentos nos Juizados Especiais Federais e também cuidar do andamento do processo efetuando diligências presenciais e também no balcão virtual.

Percebo que, quanto mais resultados eu entrego para meu cliente, maior é a satisfação e a constatação da percepção de autoridade por parte de quem contrata meus serviços na matéria previdenciária, resultando no aumento de clientes e ainda na formação de parcerias com colegas que em seus escritórios atuam em outras áreas e querem oferecer um atendimento especializado em questões de previdência e assistência social.

Com estudo e dedicação foi possível construir muitas possibilidades de parcerias, abrindo muitas portas para minha atuação como advogada previdenciarista, afinal, as parcerias certas possibilitam que o objetivo seja alcançado, mesmo que o passo seja mais lento, é a consistência da troca que o(a) ajuda a chegar mais longe e realizar mais.

Para desenvolver um bom trabalho, o advogado previdenciarista precisa conhecer as necessidades do seu cliente e algumas vezes será preciso educá-lo no sentido de fazê-lo entender que ele tem um problema que pode ser resolvido por você, jamais prometendo o que não pode cumprir, lembrando sempre que a advocacia consiste em atuação que se utiliza de todos os meios disponíveis e lícitos para a entrega do melhor resultado possível, de modo que não há causa ganha.

1. Ouça seu cliente para entender melhor suas necessidades

Transmita segurança no atendimento, ouvindo seu cliente sem interromper e propondo alternativas apenas após ele concluir o que pretende dizer, orientando quanto às possibilidades legais para alcançar a solução. Construa relacionamento próximo com colegas que tenham mais experiência na área, pois contar com os conselhos e auxilio de quem tem mais experiência faz toda a diferença, principalmente quando estamos iniciando.

2. Tenha pelo menos um mentor

Pode surgir insegurança diante de uma situação ou caso especifico no qual você tem dúvida ou desconhece algum procedimento ou rotinas da esfera jurídica, seja judicial ou administrativa. Em momentos assim, é importante ter um mentor, para ajudar você a pensar, sendo uma pessoa que colabora com o seu desenvolvimento profissional, considerando que duas cabeças pensam melhor do que uma; você não pode ter receio de buscar esclarecimentos sempre que tiver dúvidas, a fim de poder desenvolver seu trabalho com excelência.

3. Crie o hábito de ler livros não jurídicos

Cultivar o hábito de leitura de livros fora do âmbito jurídico permite maior e melhor compreensão da aplicação do Direito. Faça parte de clubes de leitura, geralmente eles informam o título que será lido no mês em curso e no dia marcado as pessoas se reúnem, seja on-line ou presencialmente, para compartilhar suas impressões sobre o texto. As leituras enriquecem seu vocabulário e no momento de elaboração de suas peças, ou ainda em momentos de explanação de suas ideias, seu trânsito entre os vocábulos fará a diferença em sua oratória.

4. Elabore sua petição inicial com clareza e objetividade

Para muitos advogados iniciantes escrever uma petição inicial pode ser motivo para desespero, mas, se toda caminhada começa com o primeiro passo, toda petição inicial começa a partir de uma boa entrevista com seu cliente. Lembre que sua petição inicial deve estar escrita e estruturada de modo que o juiz leia e o texto chame a sua atenção, pois você está relatando os fatos ensejadores do direito do requerente: é o conteúdo que deve chamar a atenção do leitor.

Saber boas técnicas de redação profissional também é importante, tais como uso de margem, espaçamento entre as linhas, tamanhos e tipos de fontes, lembrando que na segunda fase do exame de Ordem aprendemos a estruturação da petição em tópicos, organizando o conteúdo e ainda enumerando os parágrafos.

No relato dos fatos procure trazer as informações de seu cliente de forma técnica, clara e também respeitosa ao se referir à parte demandada. Ao finalizar sua petição, é importante ler quantas vezes for necessário, e no início, se você puder pedir que seu mentor faça a leitura, será de grande ajuda para verificar a necessidade de pequenos ajustes que para quem está escrevendo passam despercebidos.

"A filosofia não encontra soluções, mas levanta questões. Sua principal tarefa é corrigir as perguntas." Slavoj Zizek

A assistência social como interlocutora na promoção dos direitos humanos

Carla Luiza Zen da Silveira Sobczak

INSTAGRAM

Advogada e consultora previdenciária. Graduada em Direito pela PUC/PR, pós-graduada em Direito Latu Sensu pela Escola da Magistratura do Estado do Paraná, pós-graduada em Direito Previdenciário e Direito Processual Previdenciário pela PUC/PR, pós-graduada em Direito Previdenciário pela Escola da Magistratura Federal do Estado do Paraná e mestre em Direitos Humanos e Políticas Públicas pela PUC/PR. Atualmente, atua como advogada na garantia de direitos associados à Assistência e à Previdência Social.

Iniciei a advocacia logo após minha formação acadêmica, na instituição Pontifícia Universidade Católica do Paraná, em março de 2013, e sempre tive em mente que o advogado é aquele que se utiliza de várias ferramentas, tais como a Constituição e as leis, para tentar disciplinar e resolver os conflitos entre as pessoas, empresas e instituições, fazendo prevalecer a justiça.

Recém-formada, pouco conhecida na carreira, na ânsia de trabalhar por aquilo que sempre sonhei, apreensiva pela obtenção de clientela, me deparei pela primeira vez com o Direito Previdenciário, tendo em vista que na graduação não havia essa matéria na grade.

Ao começar a estudar o tema, fiquei perplexa pela quantidade de normas infraconstitucionais e constitucionais, instruções normativas e políticas públicas, acerca da matéria, uma vasta área para ser desbravada. Contudo, mesmo sabendo da importância do Direito Previdenciário, que objetiva proporcionar aos beneficiários os meios disponíveis para sua manutenção, nem sempre seus direitos são reconhecidos, e de forma inexorável o beneficiário fica no limbo, sem saber se realmente o direito lhe assiste ou não, surgindo aí a figura do Advogado Previdenciarista.

Após iniciar a exercer, de fato, a profissão, me especializei em Direito Previdenciário e Processual Previdenciário, logo em seguida, obtive meu título de mestre em Direitos Humanos e Políticas Públicas na mesma instituição em que me graduei, e, posteriormente, outra especialização em Direito Previdenciário pela Escola da Magistratura Federal do Paraná. São de suma importância esses títulos, pois, ao deter mais conhecimento/informações sobre o tema, posso estar na linha de frente para buscar os direitos sociais dos meus clientes, gerando isonomia, solidariedade e liberdade. Pergunto: que compromisso social é maior que a defesa dos direitos fundamentais e humanos dos cidadãos?

A minha militância, como advogada previdenciarista, é e sempre será indispensável à administração da Justiça, se fazendo valer, na maioria das vezes, a única voz em favor do meu cliente/beneficiário, que se sente muitas vezes humilhado e desamparado pela ineficiência do Estado.

Por esse caminho, entrei na esfera previdenciária, para amparar o desamparado, abrir as portas do escritório aos excluídos da sociedade, e por meio da minha mão, com uma luta intensa, mas gratificante, levo aos beneficiários, sejam os mais humildes, excluídos, vulneráveis, os benefícios que a lei garante, concretizando assim o princípio da dignidade da pessoa humana, garantindo os direitos intrínsecos e extrínsecos a todo ser humano.

O Direito Previdenciário, na minha ótica, está interligado com os Direitos Humanos, pois no exercício da profissão, como advogada, contribuo com uma parcela significativa no combate à tragédia social da fome, na promoção do bem comum, no acesso de todos aos bens e serviços.

Ao se discutir sobre os direitos humanos, se entende que tais direitos se configuram como uma unidade indivisível, interdependente e inter-relacionada, possuindo alcance universal e abrangem o conjunto dos direitos civis, políticos, sociais, econômicos e culturais. Importante ressaltar que o significado atribuído aos direitos humanos é fruto de um processo de construção histórica, o qual foi alcançado por meio de diversas lutas e reivindicações ao longo da história da humanidade.

Nesse viés, a assistência social trouxe e traz condições de acesso a uma condição digna e mínima aos seus indivíduos, como componentes da dignidade humana, da justiça social e dos direitos humanos e fundamentais, a fim de possibilitar aos seus usuários o acesso a bens materiais e culturais no intuito de garantir a sobrevivência e integração social destes.

Dessa forma, é necessário destacar a assistência social, a qual se alinha como política de defesa de direitos humanos, cabendo à própria assistência prover uma rede de atenções para que a dignidade humana seja assegurada e respeitada. Ela se coloca no campo da defesa da vida, a fim de construir a inclusão social como possibilidade de acesso, igualdade, equidade nas relações, universalidade e indivisibilidade dos direitos humanos.

No que se refere à concretização de direitos, denota-se que ainda diversos direitos são meramente formais, trazendo enormes desigualdades econômicas, sociais e políticas, prejudicando o gozo de qualquer outro direito. Muitas vezes, esses direitos não são conferidos a todos, apenas a determinados grupos, limitando o acesso aos elementos essenciais da vida humana.

Observa-se na prática a busca por tais direitos, um caso peculiar, em que fui procuradora do processo. Um cidadão alemão, que imigrou da Alemanha para o Brasil, com seus genitores, enquanto criança, e até os seus 65 anos não possuía documentos, apenas sua certidão de nascimento alemã. Por diversas vezes, não pôde buscar assistência médica, escolar ou social, pois não detinha quaisquer documentos para ter acesso aos direitos mais básicos. A ausência de documentos o fez sempre trabalhar na informalidade, não buscar atendimento mais básico de saúde, segurança, garantia trabalhista, educação, restringindo-o a uma proteção estatal e até mesmo violações de direitos humanos.

Nesse sentido, destaca-se que o art. 203, V, da Constituição Federal de 1988 preceitua que a assistência social será concedida "a quem dela necessitar", não fazendo nenhuma referência a qualidades do indivíduo de ordem étnica, cultural ou de nacionalidade, reforçando a igualdade entre todos.

Justamente, em setembro de 2017, o cidadão alemão, em consulta jurídica ao escritório, buscou "seus direitos" a fim de averiguar a concessão de sua aposentadoria. Contudo, por falta de contribuições e registro formal, verificou-se que não detinha quaisquer direitos previdenciários. Entretanto, ao analisar a situação, busquei o benefício assistencial, chamado Benefício de Prestação Continuada, e para tal, se fez necessário, a regulamentação dos documentos pessoais (Cédula de Identidade e CPF de estrangeiro).

Em seguida, recomendei ao cidadão regularizar a situação da falta de documentos, se dirigindo à Polícia Federal e Civil. Acompanhei-o até os referidos órgãos e obtivemos a emissão dos documentos necessários.

Posteriormente, pleiteei o benefício assistencial, entretanto, tivemos seu pedido administrativo indeferido pela Autarquia Federal - INSS sob argumento de que inexistia previsão legal de concessão do amparo.

Diante disso, ajuizei demanda perante a Justiça Federal de Curitiba/PR, a qual foi julgada procedente pela Vara Federal, condenando o INSS a conceder o benefício assistencial para o beneficiário no prazo de 15 dias, bem como ao pagamento dos valores atrasados desde a data da entrada do requerimento. Na decisão, em sede de tutela de urgência, o juiz argumentou que um dos princípios da seguridade social, princípio da universalidade, se consubstancia do princípio da igualdade, devendo o Estado-Nação tratar todo ser humano com igualdade, principalmente aqueles que estão perante um risco social e que o não reconhecimento de benefícios e direitos aos estrangeiros retrocedem os direitos sociais e humanos, afrontando a ordem constitucional.

No caso em tela, ao conceder o benefício ao estrangeiro alemão, tentou-se reduzir a questão da desigualdade e marginalização social, causada pela hipossuficiência e pobreza, fazendo com que esse benefício seja um importante instrumento na efetivação dos direitos humanos e assegurando os direitos relativos ao mínimo existencial, independentemente de onde esteja.

Citando outro caso análogo, uma cliente idosa, que residia com o filho maior, com deficiência mental leve e usuário de drogas desde sua adolescência. Devido aos problemas de saúde agravados, a genitora teve que se abster de trabalhar com carteira registrada e ainda informalmente, para se dedicar a cuidar e zelar pela vida do filho. Destaca-se que o pedido do benefício assistencial foi requerido pela própria genitora, sem a assistência de qualquer advogado, em novembro de 2009, e o pleito foi indeferido sob a arguição de não comprovada a incapacidade do beneficiário e de que o mesmo assinava o próprio nome com caligrafia legível. Os peritos que analisaram a deficiência não enquadraram o beneficiário como pessoa com deficiência. Enfatiza-se que ao processo foram anexados diversos documentos médicos (laudos e exames) comprovando a real incapacidade da parte autora.

Após, aproximadamente, dez anos sem buscar maiores esclarecimentos, decidiu buscar um profissional da área e contratou o escritório para ajudá-la na concessão do benefício.

Entretanto, em 2020, acontecia o estopim da pandemia de COVID-19, e a precariedade do trabalho, desemprego, enfraquecimento de políticas públicas sociais, pobreza, miséria fizeram com que a desigualdade econômica fosse cada vez mais acentuada, colocando a população em situação de vulnerabilidade, incapaz de lidar com as decorrências da pandemia.

Incrédulos com tal situação, requeri o benefício, mais uma vez, pela Justiça Federal de Curitiba/PR, sob a arguição de o beneficiário ser sim pessoa com deficiência, comprovando o estado de saúde física e mental com diversos laudos médicos. A decisão do juiz foi de negar o pedido do Benefício de Prestação Continuada, sob alegação de que não se enquadrava como deficiente.

Inconformada com a decisão do Juízo, interpus recurso para o Tribunal Regional Federal a fim de reformar a decisão de 1º grau. No crivo do Tribunal, o benefício foi devidamente concedido, inclusive com o pagamento de todos os valores em atraso, desde a data da entrada do processo na via administrativa, por se tratar também de incapaz (não há que se falar em prescrição contra incapaz).

Destaca-se que, no andamento do processo judicial, protocolei também ação de interdição em face do cliente, pois foi devidamente comprovado que devido ao uso excessivo de drogas e com a deficiência mental foi acometido de perda de memória significante e gradativa.

Apesar de os direitos fundamentais estarem proclamados na Constituição Federal de 1988 em seus artigos 5º e 6º, garantindo um sistema de proteção social, com melhorias nas condições de vida da população, o que se observa cotidianamente é a violação desses direitos. O Estado, e aqui eu falo Estado-Autarquia Federal, não deveria apenas se abster de praticar atos que sejam contra a dignidade humana, mas, também, atuar no sentido de promover a dignidade, ao proporcionar condições dignas de vida, provendo o mínimo social às pessoas.

Diante da situação de desigualdade em ambos os casos relatados, é nesse viés que o Benefício de Prestação Continuada consolidou-se como principal direito à assistência social (configurando-se uma política destinada aos vulneráveis), tendo o objetivo de proporcionar uma existência digna, atribuída, sobretudo, aos mais necessitados, a fim de implicar um compromisso com a integração social, a solidariedade e a igualdade entres todos, ou seja, uma política pública voltada para a distribuição de renda, educação, saúde, trabalho, previdência, moradia.

Na prática vivenciada por mim, a Justiça, de modo geral, considera como fator importante, ao se buscar os benefícios assistenciais, a realidade vivida pelos autores das ações, levando em consideração as barreiras sociais postas, como a falta de escolaridade, o precário acesso às políticas sociais, acessibilidade e outros direitos sociais básicos. Ao contrário da Autarquia Federal, que tem na cultura institucional a concepção de que as pessoas com deficiência e os idosos que requerem o benefício possam fraudar o "tão seguro" sistema da Previdência Social. O medo da fraude faz com que os servidores sintam, no processo de habilitação, não só a necessidade de inúmeras comprovações, mas de constatação pela pesquisa externa.

Muitas vezes, me deparei com cenas de servidores do INSS reproduzindo a ideologia burguesa, utilizando o autoritarismo e degradando pessoas idosas/ou com deficiência, restringindo o acesso ao benefício, fazendo com que os indivíduos se sintam envergonhados de receber qualquer pedido requerido.

Observo que os beneficiários do BPC e mesmo seus familiares, em geral, têm o direito ao trabalho socialmente protegido negado, ou têm uma vida pautada na luta pela sobrevivência ligada à atividade informal, ou acabam tendo a necessidade de optar por atividades que garantam sustento, mas que não possibilitam nenhuma segurança e direitos, para requerer/manter o benefício de seu membro familiar.

Diversas vezes, as análises de cada caso concreto se tornam cartesianas, ou seja, consideram o indivíduo isolado e não levam em conta as contingências sociais e a realidade social onde está inserido. E é nesse viés que devemos nos pautar sempre na provisão das necessidades básicas dos cidadãos que buscam serviços e benefícios, como direito a uma vida digna, dos mínimos sociais para que sobrevivam, baseando-se na Constituição Federal e em princípios constitucionais, exercendo o respeito e o direito da cidadania.

O operador de Direito, além de exercer sua função, deve contribuir com o desenvolvimento social daqueles clientes desprovidos, que muitas vezes não demonstram a real situação fática. Desse modo, a vulnerabilidade deve transcender os laudos médicos, laudos socioeconômicos e pesquisa externa apresentados, fazendo com que se busque o real condão de proteger o bem-estar social e o desenvolvimento do indivíduo, garantindo, aos que dela necessitam, a provisão de suas necessidades e prestações materiais básicas, com probabilidades de desenvolvimento econômico e humano, e propiciando a inclusão social, corroborando o papel do Estado em garantir os direitos imprescindíveis ao exercício da cidadania e da justiça social.

O registro do período rural em economia familiar no Direito Previdenciário: uma análise das regras, exceções e desafios

Ciane Meneguzzi Pistorello

INSTAGRAM

Advogada. Graduada na área jurídica desde 2008. Pós-graduada na área Previdenciária (2017), Trabalhista (2019) e Direito Digital (2022). Foi coordenadora do curso de Pós-graduação em Previdência Social e, atualmente, é coordenadora do curso de Pós-graduação em Gestão de Previdência Privada pela Faculdade da Serra Gaúcha. É colunista e participa de programas de rádio e televisão em cidades do Rio Grande do Sul e Santa Catarina.

O Regime Geral de Previdência Social (RGPS) é gerenciado pelo Instituto Nacional do Seguro Social (INSS), autarquia federal, e tem como características principais a compulsoriedade e o aspecto contributivo (ROCHA; SAVARIS, 2019, p.166). Trata-se de um direito social, para o qual se deve contribuir à previdência social a fim de usufruir dos benefícios que ela oferece (SANTOS, 2019, P. 89).

Por meio da previdência, é possível ofertar benefícios e serviços à sociedade. Atualmente (2019), a previdência social é regida pela Lei nº 8.213/91, conforme os ditames do art. 1°.

Dos três pilares da seguridade social, a previdência é a única que tem viés contributivo. Isso significa dizer que, para o segurado ter os benefícios e os serviços previdenciários, deverá realizar contribuições à seguridade social a fim de poder garantir direitos como segurado para si e para seus dependentes. O Regime Geral de Previdência Social – RGPS, como exposto, constitui um sistema contributivo, e possui como princípios norteadores a compulsoriedade e a solidariedade.

A solidariedade diz respeito à necessidade de que todos os segurados contribuam para o sistema a fim de mantê-lo. Ou seja, quando o segurado contribui, não faz apenas pensando em seu proveito próprio, mas o faz também para garantir a manutenção do sistema e a proteção de todos os outros beneficiários.

Comprovação

O trabalhador rural se diferencia dos demais segurados na hora de comprovar sua qualidade de segurado especial rural junto ao INSS, devendo apresentar a carência exigida e inúmeros comprovantes documentais relacionados à atividade rurícola exercida, que é estabelecido no art. 106, da Lei n° 8.213/91.

Diante dessa lista extensiva de documentos exigidos para a comprovação de atividade rural, será alternativa, mediante apresentação de quaisquer dos documentos elencados nos incisos do art. 106 da Lei n° 8.213/91. Trata-se de um rol meramente exemplificativo, sendo admitidos pela via administrativa e jurisprudência outros documentos passíveis de corroborar a condição de rurícola. Dessa forma, fica evidente a dificuldade de o trabalhador do campo comprovar que ele é mesmo um segurado especial. Principalmente, para conseguir a aposentadoria por idade e por tratarem-se, na maioria das vezes, de pessoas simples, humildes, de pouca instrução e que, geralmente, não se preocupam com formalização de documentos; situações que muitas vezes o impedem de confirmar a atividade rural, como podemos observar pela decisão do Superior Tribunal de Justiça STJ – Recurso Especial: REsp 1729124 PI 2018/0054280-9.

Para a concessão da aposentadoria especial rural, são necessários alguns requisitos como a idade mínima e a carência: o homem com 60 anos e a mulher com 55, conforme estabelecido no art. 48 da Lei n° 8.213/91:

A comprovação da atividade rural deve ser relativa ao período imediatamente anterior ao requerimento do benefício, conforme menciona o supracitado artigo 48, §2° e o artigo 143 do mesmo diploma legal. Esse também é o entendimento pacífico do STJ no processo n° 890676 SP 2006/0214211-0.

Para o segurado ter o seu benefício concedido pela Autarquia do INSS, além da idade mínima, também é necessário o preenchimento de vários requisitos que comprovem o exercício de atividade rural, como a declaração do sindicato, contratos de arrendamento, documentos da época em que conste a sua ocupação, entre outros. A Previdência Social consiste em uma lista de documentos que podem ser considerados como prova material ou início de prova material. Contudo, trata-se de um rol aplicado de forma taxativa, ou seja, caso o segurado não apresente tais documentos ou apresente documentos diversos, ele terá o benefício negado, tendo de recorrer à justiça, para o caso de o juiz ter um entendimento diferente e possa lhe conceder o benefício.

Os documentos hábeis à comprovação do exercício de atividade rural, inscritos no art. 106, da Lei nº 8.213/91, são simplesmente exemplificativos, e não taxativos, sendo admissíveis, portanto, outros documentos além dos previstos no mencionado dispositivo. Com efeito, a atividade rural deverá ser comprovada por meio de início de prova material a ser produzida contemporaneamente ao período legalmente exigido. A expressão diz respeito a documentos que contenham a profissão ou qualquer outro dado que se relaciona à atividade rural, desde que contemporâneo ao fato a ser declarado.

O período rural laborado em economia familiar pôde ser registrado em favor do segurado que trabalhou no regime agrícola antes de 31/10/1991. Indiscutivelmente, para a configuração de casos como esse, o trabalhador deve ter laborado como agricultor em regime de economia familiar, ou seja, para o seu próprio sustento, sem finalidade de comércio ou de turismo e sem empregados. Há exceções a essas regras, as quais devem ser analisadas caso a caso.

Portanto, de acordo com a redação do artigo 55, §2º, da Lei n° 8.213/91, o tempo de serviço rural, em regime de economia familiar, deverá ser computado independentemente do recolhimento das contribuições, desde que anterior à data de início da vigência do referido diploma legal.

Tal disposição visa garantir a cobertura do risco social aos trabalhadores rurais, haja vista que estavam vinculados ao regime assistencial do PRORURAL, disciplinado pela Lei Complementar nº 11/71, até a edição da Lei nº 8.213/91.

Apesar de a legislação ser "antiga", o novo momento do Direito Previdenciário ocorreu quando o Tribunal Regional Federal da 4ª Região decidiu que é possível o cômputo do trabalho realizado antes dos 12 anos de idade para fins de tempo de serviço e de contribuição.

A decisão foi proferida na Ação Civil Pública a qual asseverou, preliminarmente, que a decisão produzirá efeitos *erga omnes*, ou seja, estendendo-se a todo o território nacional. Consequentemente, foi expedido o *Ofício-Circular nº 25/DIRBEN/PFE/INSS, de 13 de maio de 2019*, que regulamenta o julgamento prevendo a possibilidade da averbação de tempo de serviço rural prestado antes dos 12 anos de idade na via administrativa.

Logo em seguida, a Turma Nacional de Uniformização julgou o Tema 219, fixando a seguinte tese: "É possível o cômputo do tempo de serviço rural exercido por pessoa com idade inferior a 12 (doze) anos na época da prestação do labor campesino".

A conquista foi reafirmada em 2 de junho de 2020, quando o Supremo Tribunal de Justiça deu provimento a um recurso e reconheceu o tempo de trabalho rural exercido em período anterior aos 12 anos de idade, permitindo fundamentar a revisão do valor da aposentadoria percebida.

Portanto, o momento previdenciário atual é poder acrescentar o período de atividade rural no tempo de contribuição a partir dos oito anos de idade, em trabalho realizado junto à família, até um dia antes que começou a trabalhar com carteira assinada, ou que constituiu patrimônio. Lembrando que, para tanto, há a necessidade de comprovar o efetivo trabalho.

Cabe, neste momento, ressaltar que, apesar de as regras

previstas na Constituição Federal proibirem o trabalho infantil, com o intuito de erradicar a exploração infantil, os ministros expuseram que a lei não pode ser interpretada em prejuízo do menor que, apesar da vedação, exerceu atividade laboral, sob pena de privá-lo de seus direitos na esfera previdenciária.

A conquista previdenciária do reconhecimento do trabalho rural desde tenra idade permite que segurados do Instituto Nacional do Seguro Social possam pleitear seus direitos aos benefícios previdenciários de forma antecipada ou, ainda, dá-lhes a possibilidade de revisar os benefícios já em vigor, podendo, se for o caso, majorar os valores para os aposentados.

Infelizmente, nesse direito não basta citar os precedentes para a procedência do pedido; mas, no caso concreto, cabe ao advogado apresentar provas materiais e testemunhais que indiquem que o segurado efetivamente exerceu o trabalho rural em regime de economia familiar desde muito pequeno.

Lembre-se de que, quando estamos citando um processo previdenciário, tanto na esfera administrativa quanto na judicial, falamos da história de vida e de trabalho do beneficiário. Por isso, sempre que discorremos sobre benefício previdenciário, devemos ter em mente que precisamos representar a história de trabalho do segurado e, principalmente, quando se envolve o direito rural, é essencial que a vida do trabalhador seja acompanhada por documentos e rol de testemunhas a corroborarem os fatos.

Sabemos que servidores da Autarquia Previdenciária e magistrados federais, diante da quantidade de serviço, pouco se esforçam para a leitura de páginas ou análise de documentos e, nesse momento, é importantíssimo o trabalho do advogado, que deve anexar todas as provas de forma cronológica.

No processo previdenciário, que busca o direito rural em economia familiar, principalmente com prova de que o segurado trabalhava desde seus oito anos de idade, é imprescindível que a petição seja sofisticada, citando os documentos que são indícios da prova do efetivo trabalho na agricultura, de forma muito esmiuçada. Inclusive, se possível, realizando destaques nos documentos de maior relevância, como certidão do INCRA, talões de notas, etc.

Reitero, o processo previdenciário representa a história de vida do segurado. Por isso, nada mais justo que a cronologia dos documentos seja um resumo de sua biografia. Com o pedido, desde os oito anos, é normal que muitos desses documentos estejam ligados aos seus pais. Assim, anexe-os de forma cronológica a fim de facilitar a análise do julgador. Lembre-se de que, antes de tudo, nascem os pais (certidão de nascimento dos pais), depois eles se casam (certidão de casamento). Após, precisam ter uma terra para trabalhar (certidão do imóvel ou contrato de arrendamento). Sua primeira conquista é se associar ao Sindicato Rural (ficha de associado). Inicia-se o nascimento dos filhos (certidão de nascimento), que são batizados no interior (certidão de batismo), que após precisam estudar (histórico escolar) e, logo em seguida, concluem a Primeira Eucaristia e a Crisma (certidões), e assim por diante.

A prova que gera muita dor de cabeça e é requisito atual do direito previdenciário, quando há pedido vinculado à agricultura, é a autodeclaração, exigida desde 2019. Apesar de esse documento substituir a justificação administrativa e a declaração emitida pelos sindicatos, confesso que, na prática, apresento todos esses documentos a fim de corroborar o direito do segurado.

Contudo, sem dúvida, a autodeclaração é o documento mais importante, pois contém um conjunto de ações para simplificar as regras para a comprovação das atividades rurais, informações que são, posteriormente, ratificadas e checadas pelo Instituto Nacional de Seguro Social.

Aconselho que esse documento venha a ser preenchido pelo próprio segurado, a próprio punho, mas que não o faça sozinho, ou seja, sem o acompanhamento do advogado, uma vez que esse formulário deve relatar detalhes de como foi o trabalho rural desempenhado e, também, citar a idade com que o segurado começou a trabalhar juntamente com a família na agricultura.

Na prática, ok, o documento foi criado pelo próprio Instituto Nacional de Seguro Social, o qual possui diversas perguntas relativas ao período em que se busca comprovação rural e, principalmente, deve ser corroborado por documentos que demonstrem o vínculo à agricultura.

O advogado deve aconselhar o segurado a não deixar de preencher nenhum dos campos do formulário, uma vez que, se houver espaços em branco, isto poderá ser a base para o indeferimento administrativo e a improcedência judicial.

Por vezes, o preenchimento leva semanas, tempo para que o segurado consiga todos os dados, como CPF de todos que nas terras viveram, além dos números antigos e específicos da matrícula ou do registro do imóvel. Porém, a paciência se faz necessária e é o segredo para o próximo passo na conquista do direito rural.

Apesar de a legislação permitir que os advogados preencham e firmem a autodeclaração rural, confesso que, para corroborar o direito, auxilio o segurado a fazer o preenchimento a próprio punho, bem como requisito que meus representados autentiquem a autodeclaração rural, o que entendo como uma forma de reforçar a verdade em pleito.

A autodeclaração rural não pode conter erros de grafia ou rasuras, por isso o preenchimento deve ser feito com calma. A leitura deve ser realizada duas vezes, a fim de que o segurado tenha certeza e confirme os nomes e os dados ali expostos, uma vez que é muito difícil retificar esse documento posteriormente.

Logo que comecei a advogar no ramo previdenciário, bastava apresentar uma prova por ano pleiteado de reconhecimento rural, ou seja, um documento era suficiente para a procedência do pedido naquele ano em que este representava. Hoje em dia, é o contrário: quanto mais documentos apresentados, maior é a chance de se conquistar o direito do segurado. Por isso, longe do advogado previdenciário cabe a preguiça ou o comodismo, pois a petição inicial é praticamente um dossiê a demonstrar o trabalho agrícola.

Ainda, caso um documento surja no curso da ação, aconselho que se proceda a sua *juntada* ao processo, citando o porquê de estar sendo anexada de forma atemporal e relatando sua imprescindibilidade para o curso da lide.

Na prática, tenho presenciado que, na via administrativa, a Autarquia Previdenciária tem, até o momento, reconhecido o trabalho rural antes dos 12 anos de idade, sem maiores empecilhos.

Todavia, na via judicial, os julgadores têm se valido de uma "artimanha argumentativa" para negar esse reconhecimento. De forma simplificada, os julgados reconhecem que a decisão da Ação Civil Pública do Tribunal Regional Federal da Quarta Região e a jurisprudência do Supremo Tribunal de Justiça admitem essa possibilidade. No entanto, os magistrados têm exigido que o trabalho do menor seja em um contexto de "indispensabilidade", e não de "complementaridade" do trabalho, desde muito pequeno, na agricultura.

Observe que, a bem da verdade, há uma negativa objetiva, já que que muitos julgadores têm considerado que o fato de a parte autora ser menor de 12 anos torna o trabalho rural um *"mero auxílio"*. Por isso, jamais se esqueça da essencialidade das testemunhas que devem ser arroladas quando da distribuição do pedido administrativo, relacionadas no documento intitulado "JA – Justificação Administrativa".

Reitero que é de conhecimento notório que, desde a implementação da autodeclaração rural para a prova dessa atividade em economia familiar, esse formulário substituiu a justificação administrativa. Mas, na prática, lembre-se de que o maior trabalho do advogado em processos que buscam a prova agrícola é tornar incontroversas a essencialidade e a indispensabilidade do trabalho da criança na atividade de economia familiar, desde os seus oito anos de idade. Por isso, é imprescindível que se apresentem provas que não deixem o julgador em dúvida de que aquela criança acompanhava os pais e os irmãos no dia a dia da agricultura, bem como que seu trabalho não era complementar, mas, sim, necessário.

Nesse sentido, não há fundamento em o segurado apresentar testemunhas que tenham menos que sua efetiva idade, eis que, tanto na Justificação Administrativa quanto na Audiência de Instrução e no Julgamento, o principal questionamento será se a testemunha efetivamente viu o segurado trabalhando, desde muito pequeno, na atividade rural. Além disso, será solicitado que sejam descritas as atividades que eram exercidas (capina, colheita etc.), e questionado se o trabalho era complementar ou indispensável para a família.

Portanto, para comprovar o tempo para fins de aposentadoria rural, a partir dos oito anos de idade, é preciso apresentar documentos que demonstrem que o segurado estava efetivamente nessa condição. Em geral, esses documentos estão ligados a seus pais, mas o principal é o rol de testemunhas que irá comparecer na agência da Previdência Social ou na Justiça Federal para responder a perguntas específicas de alguém que testemunhou presencialmente o trabalho do segurado desde muito pequeno.

A realidade do Brasil rural das décadas de 60 e 70 era cruel, pois as crianças, desde muito pequenas, frutos daquelas famílias numerosas, não tinham opção, precisavam ajudar a linhagem no trabalho agrícola. Infelizmente, são julgamentos restritivos, com visão míope, sobre a realidade do campo.

Por isso, cabe aos advogados previdenciaristas se dedicarem a apresentar um pedido inicial robusto e completo com provas a corroborar o direito do segurado, uma vez que há ciência da tendência dos julgadores em afastar o reconhecimento.

Há de se ter em mente que existe um real desconhecimento do sentido do trabalho infantil no campo, especialmente por parte de quem decide. Isso sem esquecer que esse posicionamento é contrário, até mesmo, ao conceito de *"regime de economia familiar"*, que é justamente a complementaridade de esforços. Na prática, ouvem-se relatos de que, desde o genitor ("provedor", que se dedica 100% às atividades campesinas), passando pela genitora ("do lar", que realiza trabalhos domésticos, cuida dos filhos e auxilia no campo), até os filhos (que prestam auxílio nas atividades rurais e domésticas), uma vez que essas famílias, normalmente, são numerosas (superior a dez pessoas), não podiam dispensar o trabalho de nenhum membro desse contexto. Nesse sentido, por um simples raciocínio, comprova-se que apenas o trabalho do genitor não seria suficiente para alimentar a gama familiar.

Com certeza, todos são parte de uma engrenagem que se complementa, e não reconhecer isso é vendar os olhos para a realidade.

Sabendo desse contexto, é trabalho do advogado demonstrar, pelas provas documentais e corroboradas pela oitiva de testemunhas, que o segurado era essencial, desde tenra idade, na agricultura, na busca do direito previdenciário, quando tantos outros foram negados.

Planejamento Previdenciário Internacional

Cristiane de Oliveira Marques Gonzaga

INSTAGRAM

Advogada desde 2013 e fundadora do escritório Oliveira e Marques Advocacia, especialista em Direito Previdenciário. Formada em Direito pela UNISEPE, pós-graduada em Direito Previdenciário pela Universidade Candido Mendes. Pós-graduação em Direito Previdenciário ESMAFE/RS. Especialista em Direito Tributário pela Damásio Educacional. Intercâmbio em LSI – Language Studies International, em Londres. Atua em todo o Brasil e para brasileiros no exterior. Especialista em Direito Previdenciário Internacional.

Cristiane Oliveira. Advogada que nasceu em São Lourenço, Minas Gerais. A menina que sempre sonhou em conhecer o mundo, saber sobre novas culturas e entender como a vida e todas as suas nuances podem ser vistas por diversos ângulos.

Por que tantas pessoas vivem em lugares e culturas tão diferentes e a maioria tem a absoluta certeza de que está certa no seu modo de ver a vida, o mundo em si?

Sempre achei que para um advogado ou mesmo uma pessoa que não opte por essa profissão ter sucesso é necessário buscar conhecimento aprofundado e interdisciplinar. Talvez aqui se justifique o gosto por outros conhecimentos para além do Direito clássico, e também pensamento crítico e independente sobre todas as coisas da vida.

É crucial acreditar em si mesma e ter autoconfiança, principalmente num mundo onde o caminho para as mulheres é muito mais árduo para conciliar carreira e vida pessoal.

Não é nenhum pouco exagerado dizer que muitas vezes eu senti que não tinha direito de ter sonhos por ser mulher, que não era necessário, que era melhor ficar quieta e aceitar as coisas como são.

Mas os sonhos são latentes e eles vibram de tal forma que não nos deixam permanecer em silêncio ou no mesmo lugar.

E dessa forma eu segui em frente.

Tive a oportunidade de fazer um intercâmbio na Inglaterra, em 2013, logo após me formar, conheci pessoas de muitos países e essa experiência ficou marcada na memória e na vida prática.

Sempre amei o Direito e voltando para o Brasil, inicialmente, queria fazer concurso público para a Magistratura, mas depois de muito autoconhecimento percebi que eu não tinha aptidão e a minha paixão sempre foi a Advocacia.

Escolhi o Direito Previdenciário pela possibilidade de mudar a vida das pessoas e de suas famílias, além da minha própria, por meio do crescimento profissional, e sempre afirmo que nossa missão é garantir que o Direito Previdenciário cumpra na prática o dever de proteger as pessoas nos momentos de vulnerabilidade da vida, isto é, na morte, doença, invalidez, maternidade, velhice, dentre outros.

Com o objetivo de não atuar apenas na minha cidade, São Lourenço, em Minas Gerais, sempre investi em tecnologia para conseguir alcançar novos clientes em outros lugares e isso foi crescendo de tal forma que hoje a maioria dos planejamentos previdenciários inclui tempo trabalhado de brasileiros em outros países.

E é sobre o planejamento previdenciário internacional que será a mentoria de hoje, isto é, aquele planejamento de aposentadoria para pessoas que trabalharam em um ou mais países durante a vida e podem ter duas ou mais aposentadorias, ou mesmo uma só, todavia, com um valor muito maior do que estavam esperando.

A grande vantagem do planejamento de aposentadoria internacional, inclusive, é a possibilidade de o cliente ter direito a duas aposentadorias, uma paga em real e outra sendo paga numa moeda mais valorizada economicamente.

Por exemplo, os clientes que moram e trabalham nos Estados Unidos poderão receber uma aposentadoria em dólar e outra em real, sendo que alguns decidem voltar a morar no Brasil e podem continuar recebendo a aposentadoria dos Estados Unidos, vivendo no Brasil com muito mais qualidade de vida, tendo em vista a vantagem obtida com a conversão da moeda.

Confesso que quando comecei a trabalhar com esse tipo de planejamento me espantei com a quantidade de clientes que não sabiam que podiam ter todos esses benefícios. Além disso, com o fenômeno da globalização e o crescente movimento migratório, é cada vez mais comum que brasileiros trabalhem em vários países durante a vida laborativa, o que nos traz um ótimo cenário de atuação profissional.

Inicialmente, é preciso saber que o planejamento previdenciário em geral é um estudo de toda a vida laborativa da pessoa, em busca de proporcionar o melhor benefício possível conforme as contribuições feitas por ela durante a vida e isso inclui o período trabalhado em outros países.

Ele tem o condão de trazer clareza para o segurado sobre qual será o valor necessário de investimento, quando será a melhor data para pedir o benefício, qual o valor que irá receber de contraprestação, ou seja, o ROI (*return on investment*), isto é, o retorno sobre o investimento feito até o fim da vida.

O planejamento previdenciário também traz previsibilidade, um processo administrativo e um judicial, se for necessário, muito mais tranquilos, sem erros e perdas financeiras por ausência de apresentação de documentação correta, de prazos perdidos, e até a ausência de pedido do benefício que, na prática, quer dizer que a pessoa está deixando de receber os valores a que tem direito, dentre outros problemas.

Todo bom planejamento começa com uma entrevista bem feita pelo advogado, pois qualquer informação perdida pode custar anos de trabalho da pessoa e o pagamento de muitos honorários para o advogado.

Recentemente, tive a oportunidade de visitar algumas agências do *Social Security* (similar ao INSS) nos Estados Unidos, nas cidades de Nova Iorque, Orlando e São Francisco e foi possível entender porque muitos brasileiros ainda não têm acesso a essas informações tão valiosas. Muitos apresentam a dificuldade com o idioma assim que chegam no país, outros mencionam que a burocracia também é grande, apesar de se tratar de um país mais desenvolvido.

Pontos que aprendi na prática: o ideal sempre é a pessoa fazer o planejamento previdenciário internacional antes de mudar de país.

Além disso, financeiramente, sempre é melhor contribuir para os dois países e não utilizar o tempo de um país para levar para o outro. Por exemplo, se o cliente é brasileiro e se mudou para os Estados Unidos, é melhor que ele contribua para os dois países e consiga as duas aposentadorias independentemente.

No entanto, caso não tenha condição de contribuir para os dois países ao mesmo tempo, na hora de pedir a aposentadoria em um dos países é melhor utilizar o período do outro país ao invés de deixá-lo perdido.

Lembre-se de que o brasileiro pode ir morar em qualquer país e continuar contribuindo no Brasil como filiado na condição de facultativo para conseguir uma aposentadoria no nosso país. Isto é muito importante porque muitos acreditam que por ter saído do Brasil não têm mais direito a qualquer benefício aqui.

Outro detalhe muito importante: o cliente precisa ter trabalhado de forma legal no país de destino para ter direito à aposentadoria ou para averbar o tempo trabalhado na aposentadoria do Brasil. Digo isto porque é comum que brasileiros trabalhem de forma ilegal, principalmente nos Estados Unidos, que é o principal acordo internacional de previdência vigente hoje.

Além disso, para receber a aposentadoria de outro país não é necessário estar residindo lá; ela é, inclusive, enviada para onde o segurado reside.

Cada planejamento demanda o *feeling* do especialista para

saber o que precisará ser feito e é importante nunca perder esse olhar de que cada planejamento será único e personalizado, mas fiz um roteiro do que é feito no escritório:

- Pequena conversa com o cliente para saber o objetivo dele. É importante praticar uma escuta ativa e satisfazer o objetivo do seu cliente, não apenas apresentar o que é melhor na sua visão (isso faz uma diferença enorme).
- Pedir a senha do MEU INSS para acesso ao CNIS ou providenciá-la no INSS.
- Analisar o CNIS e pedir os principais documentos para análise.
- Entrevista minuciosa que inclua as seguintes perguntas, no que tange ao trabalho internacional:
- Em qual(is) país(es) trabalhou ou trabalha?
- Por qual período trabalhou em cada um deles?
- Trabalhou em empresas multinacionais? Qual(is)?
- Tem o histórico de contribuições do país trabalhado? (se não tiver, pode ser solicitado no organismo de ligação do país acordante, conforme será explicado).
- Tem visto de entrada no país? Esse visto é de trabalho?
- Pedir a cópia dos passaportes do cliente.

Após, verificar se os países possuem Acordo Internacional de Previdência, porque isso mudará totalmente a estratégia a ser adotada.

Ou seja, pode usar o acordo internacional, se existir, para somar o período dos dois países, que é chamado de totalização. Já nos casos de países sem acordo com o Brasil, é preciso completar do zero os requisitos da previdência estrangeira.

Atualmente, possuem acordo previdenciário com o Brasil em vigor:

- Mercosul (que tem como países signatários: Argentina, Brasil, Paraguai e Uruguai);

- Convenção Ibero-americana (em vigor para: Argentina, Bolívia, Brasil, Chile, El Salvador, Equador, Espanha, Paraguai, Peru, Portugal e Uruguai);
- Alemanha, Bélgica, Cabo Verde, Canadá, Chile, Coreia do Sul, Espanha, Estados Unidos, França, Grécia, Itália, Japão, Luxemburgo, Portugal, Quebec e Suíça.

Lembrando que o maior número de brasileiros vai para os Estados Unidos, em segundo lugar para o Japão e depois para Portugal.

Requisitos para conseguir a aposentadoria por idade nos principais países de destino

É importante saber os principais requisitos dessas aposentadorias por idade para começar a atuar, apesar de ser fácil a consulta nos próprios acordos, mas o cliente sempre se atenta se você sabe pelo menos os principais.

Oriento sempre prestar atenção à aposentadoria por idade, porque os outros principais benefícios, como pensão por morte e aposentadoria por invalidez dos acordos previdenciários internacionais precisam de carência e qualidade de segurado, mas é pouco comum que os clientes queiram saber os requisitos deles e, como disse, é fácil consultar no próprio acordo do país em questão.

Estados Unidos

Para conseguir a aposentadoria por idade no Brasil, o homem precisa ter 65 anos de idade e 15 de contribuição e a mulher, 62 anos de idade e 15 de contribuição, em regra geral, sendo que a carência de 15 anos muda para 20 para o homem que se filiou ao INSS depois da Emenda Constitucional 103, de 2019.

Agora, para solicitar a aposentadoria por tempo de idade nos Estados Unidos, o segurado deve ter 67 anos (tanto para homens quanto para mulheres) e dez de contribuição no país.

É possível adiantar a idade para pedir o benefício, mas os valores da aposentadoria são prejudicados.

Agora, para conseguir a aposentadoria estadunidense com tempo de contribuição do Brasil, ou seja, para ser possível a soma do tempo de contribuição dos dois países, você precisa ter trabalhado, no mínimo, 18 meses (um anos e seis meses) de forma LEGAL nos EUA.

Japão

Para se aposentar por idade no Japão, é preciso ter pelo menos 65 anos de idade e ter contribuído pelo período mínimo de dez anos. Para receber o valor integral do benefício, o tempo de contribuição precisa ser de 40 anos, caso contrário, o valor é reduzido proporcionalmente ao tempo contribuído.

É possível solicitar a aposentadoria de forma antecipada, a partir dos 60 anos de idade. Neste caso, o benefício cobre cerca de 70% do valor da aposentadoria.

Portugal

Em Portugal, a idade mínima é de 66 anos e seis meses de idade para homens e mulheres, com a carência mínima de 15 anos.

Dúvidas e conceitos importantes

Como saber o tempo de contribuição no exterior?

Não é raro que o brasileiro não saiba quanto tempo tem de contribuição nos países em que trabalhou e nesse caso é possível solicitar o Histórico de Contribuições, através do Organismo de Ligação do Brasil com o país acordante.

Os valores recebidos ou pagos em outro país também não são considerados pelo INSS quando se requerer a averbação ou cômputo para alguma aposentadoria no Brasil, sendo considerado somente o tempo de serviço.

Portanto, depois de ter esse histórico de contribuições em mãos, o advogado deve analisar qual a melhor saída para o cliente, que pode ser a averbação do tempo do país acordante no Brasil, averbar o tempo do Brasil no país estrangeiro ou, ainda, orientá-lo a contribuir até atingir as duas aposentadorias independentes.

Sempre oriente o cliente sobre qual o valor do salário de contribuição conveniente para se alcançar as melhores aposentadorias possíveis e qual a alíquota a ser paga por lei de acordo com a modalidade de segurado do caso concreto.

Para fazer a averbação do período trabalhado no exterior, ou seja, a totalização, o segurado deverá preencher o formulário específico e enviar através do portal do Meu INSS, que encaminhará o pedido ao Organismo de Ligação Internacional para verificar o tempo de contribuição do beneficiário no país estrangeiro.

Se faltar pouco tempo para fechar a aposentadoria no Brasil, é melhor completar o tempo que falta. Dependendo de quanto for esse tempo, tendo em vista que seriam 15 anos, em regra, para a carência e quanto tempo o cliente ainda pensa em seguir trabalhando, desde o início já pode ser viável contribuir como facultativo apenas a cada seis meses. Nesse caso não pode atrasar a contribuição, porque haverá a perda da qualidade de segurado.

Se o cliente nunca contribuiu para o Brasil, é possível fazer a filiação como facultativo e começar a pagar normalmente.

Em alguns acordos são previstas também as prestações decorrentes de acidente do trabalho ou de doenças profissionais, auxílio-doença e salário-maternidade.

Como é feito o requerimento de aposentadoria com tempo trabalhado no exterior?

Deve ser feito na Entidade Gestora do país de residência do interessado por meio dos organismos de ligação.

O recebimento do benefício será efetuado conforme as regras estabelecidas no Acordo Internacional firmado entre o Brasil e o país no qual o trabalhador reside.

Tempo trabalhado em um país sem Acordo Internacional Previdenciário

Os trabalhadores que atuam em países que não mantêm acordos de previdência com o Brasil não podem somar o tempo de serviço exercido nos dois países, essa é a principal diferença.

Onde requerer os benefícios previdenciários com aplicação de Acordo Internacional de Previdência Social?

No Brasil, o segurado, ou seu dependente, deve ligar para a Central de atendimento da Previdência Social, n.º 135, ou solicitar pelo MEU INSS. A Agência que receber o pedido o enviará ao Organismo de Ligação responsável por efetuar a comunicação com o(s) país(es) signatário(s) do acordo internacional que se pretende aplicar.

Lembrando que, independentemente de a aposentadoria se utilizar da totalização, isto é, da soma das contribuições, ou se é uma aposentadoria nos Estados Unidos, por exemplo, ela pode ser requerida pelo Organismo de Ligação ou pela administradora da seguridade social do país em questão, por exemplo, o *social security* nos EUA.

O que são Organismos de Ligação e onde encontrá-los no Brasil?

Organismos de Ligação são os órgãos designados pelas autoridades competentes dos Acordos de Previdência Social para se comunicarem entre si e garantir o cumprimento das solicitações formuladas no âmbito dos Acordos, bem como os devidos esclarecimentos aos segurados, conforme a Resolução n.º 136, de 30 de dezembro de 2010.

Qual será o valor do benefício utilizando o Acordo Internacional Previdenciário?

Para realizar a contagem do tempo de contribuição e o aproveitamento de tempo de contribuição no exterior, basta fazer a somatória do tempo realizado de forma legal no exterior e no Brasil.

Importante: Quando o beneficiário soma o tempo de contribuição do exterior ao INSS, não é computado o valor da contribuição e sim o período de contribuição.

Desse modo, o valor do benefício previdenciário no Brasil será proporcional às contribuições pagas ao INSS.

O que é o Certificado de Deslocamento Temporário?

Certificado de Deslocamento Temporário visa à dispensa de filiação à Previdência Social do País Acordante onde irá prestar serviço, permanecendo vinculado à Previdência Social brasileira para quem vai trabalhar até dois anos no outro país, em regra. Isto é importante para evitar pagar contribuições previdenciárias em outro país que não terão utilidade depois.

Apenas nos Acordos em vigor entre Brasil e Canadá, Itália e MERCOSUL não estão previstos deslocamentos temporários para trabalhadores autônomos.

Conclusão

Lembre-se sempre de que aquilo que vendemos para o cliente é a possibilidade de uma aposentadoria tranquila e com qualidade de vida.

Da inaplicabilidade do artigo 46 da Lei n.º 9.099/95 nos Juizados Especiais Federais

Geraldine Mieko Franco de Almeida

INSTAGRAM

Advogada especialista em Direito Previdenciário, membro da Diretoria Científica do Instituto Brasileiro de Direito Previdenciário (IBDP) e membro da Diretoria da Comissão de Direito Previdenciário de Poços de Caldas/MG.

Mentora de advogados e consultora em matéria previdenciária de escritórios sediados em São Paulo/SP, Camaçari/BA, Rio de Janeiro/RJ e Belo Horizonte/MG, além de gestora de seu escritório, localizado em Poços de Caldas/MG.

O foco principal de estudo é o processo civil previdenciário e suas implicações junto aos Juizados Especiais Federais Cíveis, bem como o contencioso judicial, sempre com o fim de concretizar Direitos Sociais perante a Fazenda Pública.

Obs.: Natália Bobadilha Donato estruturou este artigo no início, ao lado da autora

A criação dos Juizados Especiais Federais e dos Juizados Especiais Cíveis respondeu a diferentes necessidades no sistema de justiça brasileiro. Enquanto os Juizados Especiais Cíveis foram estabelecidos para tratar de litígios de menor complexidade e menor valor econômico, proporcionando um acesso mais rápido e simplificado à Justiça em questões civis, os Juizados Especiais Federais surgiram com a finalidade específica de garantir que os cidadãos tivessem um meio igualitário para buscar seus direitos em confrontos com a Fazenda Pública Federal. Ambos desempenham papéis cruciais na promoção do acesso à Justiça, mas suas competências e procedimentos são distintos, adaptados para atender a diferentes demandas jurídicas. É essencial compreender essa distinção para garantir que os litigantes recebam a assistência adequada e eficaz no contexto das suas respectivas necessidades legais.

1. Dos princípios do acesso à Justiça e o devido processo legal e suas aplicabilidades

Inicialmente, esclarece que o princípio constitucional do devido processo legal está intimamente ligado e só caminha se em consonância com o princípio do Acesso à Justiça, sendo que, ao mencionar um desses princípios, o outro deverá ser sempre rememorado em conjunto, nunca de forma apartada.

Assim, a base para o nascimento de qualquer norma jurídica é sustentada em Princípios Constitucionais que legitimam a aplicação de determinada decisão judicial. Um dos maiores princípios e que devem nortear qualquer julgador ou profissional do Direito é o do devido processo legal e, como consequência deste, o real acesso à Justiça que tanto é preconizado pelas leis ordinárias regentes no Estado atual.

Quando se fala em princípio do devido processo legal abrange-se a ideia de um procedimento prévio, adequadamente existente e, também, da efetiva participação dos sujeitos processuais.

Desse modo, remete à criação dos Juizados Especiais Federais com o fim precípuo de garantir o acesso à Justiça aos cidadãos diante de suas demandas contra a Fazenda Pública e com seus direitos respeitados, tendo em vista a máxima Constitucional "todos são iguais perante a lei".

Vale mencionar ainda que, em consonância com o artigo 2º da Lei n.º 9.099/95[4], conclui-se que os princípios lá dispostos só serão aplicados em favor do cidadão comum perante a Fazenda Pública, ou seja, em favor do jurisdicionado, tendo em vista que sua criação tem como objetivo precípuo possibilitar o Acesso à Justiça e devem estar sempre em consonância com as garantias/princípios Constitucionais, não podendo ser clamados quando não atenderem a finalidade prevista na Carta Magna de 1988 e, como consequência, a finalidade do Juizado Especial Federal (JEF).

2. Dos princípios aplicáveis aos Juizados Especiais Federais

Os Juizados Especiais Federais foram instituídos pela Lei n.º 10.259/2001, destinados à ampliação do acesso à justiça com a simplificação das formas processuais e com o objetivo de garantir uma jurisdição efetiva contra a União, Autarquias, Fundações e Empresas Públicas Federais.

De modo expresso, a Lei n.º 10.259/01 dispõe em seu artigo 1º a aplicação da Lei n.º 9.099/95 (Juizado Especial Cível), e mesmo que não exista referência específica também se aplica quando houver lacunas às normas do Código de Processo Civil (CPC).

O modelo de jurisdição dos Juizados Especiais Federais deve ser orientado por princípios que concorrem para a realização do objetivo fundamental de acesso à Justiça, sendo que os princípios gerais do Juizado Especial Federal estão dispostos no artigo 2º da Lei n.º 9.099/95, sendo: oralidade, simplicidade, informalidade, economia processual, celeridade e consensualidade.

É importante destacar que o princípio da informalidade está diretamente relacionado ao da simplicidade, mas este associa-se ao processo em si, enquanto a informalidade se volta aos atos processuais. Assim, o princípio da simplicidade significa a condução de um processo judicial sem formalismo, buscando a resolução judicial de forma mais simples e de maneira mais rápida, de acordo com a intenção do legislador quando da criação dos Juizados Especiais.

Conclui-se então que os processos distribuídos nos Juizados Especiais Federais devem ocorrer de uma maneira mais rápida a fim de dar efetividade à Justiça, não abandonando a garantia máxima do "devido processo legal".

3. Das sentenças concisas e objetivas e o dever de fundamentação das decisões judiciais

O dever de fundamentação das decisões judiciais decorre da Constituição Federal em seu artigo 93, IX. Já o modelo de decisões imposto pelo Código de Processo Civil informa quanto aos requisitos mínimos de fundamentação judicial, observando no seu artigo 11 que todas as decisões deverão ser fundamentadas, sob pena de nulidade.

De acordo com o referido Código, considera não haver fundamentação em qualquer decisão judicial quando ocorrer o determinado no §1º do Artigo 489. Tal obrigatoriedade trazida na normativa processual civil é afirmada na jurisprudência do Supremo Tribunal

Federal; vejamos a tese firmada no tema 339: *"O art. 93, IX, da Constituição Federal exige que o acórdão ou decisão sejam fundamentados, ainda que sucintamente, sem determinar, contudo, o exame pormenorizado de cada uma das alegações ou provas"*.

É importante observar que o CPC busca assegurar que as decisões judiciais sejam fundamentadas de maneira completa e compreensível, promovendo a transparência e permitindo que as partes entendam os motivos pelos quais a decisão foi tomada. Isso contribui para a qualidade do sistema judicial e para a garantia dos direitos das partes envolvidas.

Contudo, encontra um cenário distinto em sede do Juizado Especial Federal, onde alega a aplicação dos princípios norteadores do sistema dos juizados para amparar a falta de fundamentação das decisões, especialmente o princípio da simplicidade.

Então, afirma-se que deve ser aplicada a regra contida no Código de Processo Civil em sede dos Juizados Especiais Federais, ainda que de forma mitigada, observado o ensinamento do doutrinador José Antonio Savaris em seu livro "Manual dos Recursos no Juizado Especial Federal": *"É próprio dos juizados especiais que as decisões sejam concisas, mas isso não pode servir de manto a decisões que não permitam conhecimento acerca das razões determinantes do julgamento"*.

À vista disso, o artigo 46 da Lei n.º 9.099/99 autoriza aos Juizados Especiais Cíveis a confirmação da sentença pelos próprios fundamentos. Por certo, tal normativa não deve aplicar-se ao Juizado Especial Federal, por impossibilidade lógica, tendo em vista as diferenças substanciais na sistemática dos juizados especiais cíveis e dos juizados especiais federais.

Isto porque o Juizado Especial Federal foi criado para atender ao cidadão em obter pleno acesso à Justiça, tanto que a cadeia recursal disposta nos Juizados Especiais Federais como forma de acesso às instâncias superiores diverge da cadeia recursal dos juizados cíveis, apresentando um sistema mais simplificado e que justifica a aplicação do artigo 46 da Lei n.º 9.099/95.

Portanto, em sede de aplicação do Juizado Especial Federal, a normativa a ser adotada na elaboração das decisões judiciais deve seguir o contido no Código de Processo Civil, garantindo a fundamentação adequada pelos princípios norteadores constitucionais.

4. Da inibição do acesso às instâncias superiores – do acesso à Justiça

Quando se fala em Instâncias Superiores, remetemo-nos inicialmente ao que toca o Instituto do Duplo Grau de Jurisdição que está previsto no artigo 5º LV da Constituição Federal de 1988. Assim, o direito da revisão da sentença proferida em primeiro grau para que haja a confirmação ou não do que foi pleiteado é uma garantia.

Ocorre que quando trata de Instâncias Superiores, sejam elas Turma Nacional de Uniformização (TNU), Superior Tribunal de Justiça (STJ) ou Supremo Tribunal Federal (STF), os requisitos de acesso são extremamente limitantes e rigorosos.

Ao nos ater apenas ao tocante à remessa de acórdãos proferidos por Turma Recursal para Turma Nacional de Uniformização, é necessário que tenha havido o cumprimento de dois requisitos, que são:

1) Prequestionamento, que se extrai da leitura do acórdão proferido pela Turma Recursal e que, caso não haja fundamentação e delimitação clara da matéria suscitada, haverá prejudicial perante o acesso às instâncias superiores; e

2) Comprovação do dissídio jurisprudencial, ou seja, deve o interessado realizar cotejo do voto que quer ver reformado com o voto que requer a aplicação.

Desse modo, verifica-se em primeiro momento que, caso não haja fundamentação clara, motivada e completa, irá inviabilizar o pedido de uniformização, em detrimento do interesse do cidadão.

Usualmente, encontram-se acórdãos que se limitam a mencionar que a sentença proferida em sede de 1º grau deve ser mantida pelos seus próprios fundamentos, utilizando como subsídio o teor do contido na Lei n.º 10.259/11, artigo 1º, combinado com a Lei n.º 9.099, art. 46.

Nesse sentido, e tendo em vista que para ser possível a interposição de Incidentes de Uniformização é necessário que haja legitimidade e a impugnação de todos os fundamentos contidos na decisão recorrida, é inaceitável que os julgadores apliquem o artigo 46 da Lei n.º 9.099/95, que rege os Juizados Especiais Cíveis, aos Juizados Especiais Federais.

Assim é a Questão de Ordem 18 da Turma Nacional de Uniformização (TNU), a qual aduz que é inadmissível o incidente de uniformização quando a decisão impugnada tem mais de um fundamento suficiente e as respectivas razões não abrangem todos eles.

Veja-se: se houver aplicação do artigo 46 da Lei n.º 9.099/95 aos Juizados Especiais Federais, e sabendo que este foi criado para ser aplicado junto aos Juizados Estaduais Especiais Cíveis, que remontam a causas de natureza de menor complexidade, o que por si só destoa da realidade do Juizado Especial Federal, haverá o obstáculo inibidor do acesso à Justiça, mesmo que se no caso em questão a ser discutido tiver a ideia de modificação de tese jurídica que é contrária à súmula ou jurisprudência dominante da Corte (TNU).

Recomenda-se que seja aplicado o teor do artigo 489 do CPC no tocante às decisões judiciais proferidas em 1ª instância, pois, Garantia Constitucional, qual seja, a do Princípio do Devido Processo Legal, que deve ser aplicada em toda e qualquer jurisdição, sendo que o magistrado deverá fundamentar sua decisão de acordo com a norma jurídica que se encaixa a sua estrutura.

Isso significa dizer que as decisões do Juizado Especial Federal é que darão guarida ao acórdão que será proferido pelas TRs, e assim o sendo, caso os julgadores valerem-se do que dispõe o artigo 46 da Lei n.º 9.099/95, bem como a decisão de primeiro grau não tenha observado a norma do Código de Processo Civil, haverá claro impedimento de levar aos Tribunais Superiores a questão demandada.

Assim sendo, afirma que tanto as decisões proferidas em primeiro grau (sentenças) bem como as proferidas em segundo grau (acórdãos), necessariamente, devem seguir a norma processual Civil. Isto porque, aceitar a aplicação de uma norma (art. 46 da Lei n.º 9.099/95) que não atende a estrutura dos Juizados Especiais Federais (Lei n.º 10.259/2001) é restringir o acesso à Justiça em sua integralidade, que é o fundamento norteador deste Instituto.

5. Considerações finais

É acertado que quando se trata de institutos criados com o fim de atender o cidadão comum perante a Fazenda Pública, caso não haja o respeito aos Princípios Constitucionais de ampla defesa e o devido processo legal, não haverá concretização dos direitos fundamentais previstos na Carta Magna. Assim, tratar as demandas que são autuadas perante o Juizado Especial Federal em igualdade de condições com as que correm perante os Juizados Especiais Cíveis é incorrer em antijuridicidade e em desacordo aos Princípios Constitucionais.

Há de se concluir que, caso haja aplicação de forma análoga em todos os procedimentos, estariam os Juizados Especiais Federais se pautando em aplicação de princípios e normas que impedem o cidadão comum de buscar satisfazer sua pretensão perante a Fazenda Pública e não o contrário, que é o real objetivo da criação de tal Instituto.

Não fosse assim, a exposição de motivos da Lei n.º 10.259/2001 traria conclusão diversa da que segue:

> 8. A Comissão de Trabalho houve por bem sugerir modificações no anteprojeto do STJ, destacando-se as que visam manter a consonância da proposição com o texto da Lei nº 9.099, de 1995, inclusive no que concerne à reforma da Parte Geral do Código Penal; a determinação da forma de cálculo do valor

> *da causa; a sanção aplicada a servidores civis e militares que, por sua própria natureza, deve ser excluída da competência do Juizado Especial Federal; a exclusão de entidades que não se caracterizam como hipossuficientes, tendo em vista a finalidade primordial da criação do Juizado; a possibilidade de realização de perícias tendo em vista serem fundamentais para o deslinde de causas previdenciárias e demais outras providências que têm o claro desiderato de agilizar a implementação dos Juizados Especiais Federais.*

Dito isso, infere, então, que a aplicação do que dispõe o artigo 46 da Lei n.º 9.099/95 aos Juizados Especiais Federais faz com que haja a mitigação em detrimento do cidadão comum, do que prevê o artigo 93, IX, da Constituição Federal e, ainda, do artigo 389, do Código de Processo Civil, bem como o enunciado XII n.º153, do FONAJEF.

No que diz respeito à "autorização" para que o cidadão comum possa ter acesso às Instâncias Superiores, tem-se que os requisitos intrínsecos e extrínsecos para tanto sejam cumpridos. Portanto, caso o Juízo de Primeiro Grau (sentença) não tenha respeitado o teor do que dispõe o artigo 389 do Código Civil e não tenha fundamentado a decisão conforme lá disposto e, em sede de Turma Recursal a cadeia de seguir a disposição da Lei dos Juizados Especiais Cíveis, não haverá acordão hábil para ser admitido um possível Pedido de Incidente de Uniformização junto às Turmas (regional/nacional) de Uniformização. Assim, como só pode haver recurso quando existem motivos para se determinar que uma decisão proferida em primeira instância deve ser reformada por não atender os fins que o Direito persegue, caso as Turmas Recursais dos Juizados Especiais Federais permaneçam seguindo o teor do que dispõe o artigo 46 da Lei n.º 9.099-95 (elaborada para atender demandas apenas de menor complexidade), estarão impedindo o acesso à Justiça, que é a garantia máxima prevista pela Constituição Federal.

Desse modo, enquanto a técnica correta não for utilizada, não será atingido o cidadão comum, que é o objetivo primordial da instituição dos Juizados Especiais Federais.

Atividade especial: como conquistar o melhor benefício

Maria Luiza Alves Abrahão

INSTAGRAM

Advogada com 18 anos de experiência na área previdenciária, pós-graduada em Direito Previdenciário e Direito Tributário e Processo Tributário. Vice-presidente da Comissão de Direito Previdenciário da Seccional de Bragança Paulista, Estado de São Paulo. Sócia da Tarsetano & Abrahão Advocacia. Professora de cursos jurídicos.

O presente capítulo visa desenvolver técnicas para atingir resultados nas concessões das aposentadorias que contenham atividade especial, garantindo o benefício mais vantajoso.

Desde cedo, até por acompanhar minha mãe (que também é advogada), me identifiquei com a advocacia, ali via inúmeras possibilidades de cooperar com o próximo. Me formei e fui estagiar no escritório de advocacia da Dra. Ablaine, que me fez me apaixonar pelas causas sociais e com ela sigo até hoje como sócia da Tarsetano & Abrahão Advocacia. Já se passaram quase 18 anos nessa caminhada.

Estudar a Previdência Social me fez entender a complexidade e especificidade do tema, cujo principal objetivo é o bem-estar social, a proteção do cidadão, quando, em momentos de imprevistos, tais como da perda temporária ou permanente de sua capacidade de trabalho, velhice e morte.

Pois bem, essa ideia do bem-estar social, de um olhar no futuro me chamou atenção e, dentre as espécies de aposentadorias e proteção social, a aposentadoria especial, por ter como principal objetivo a prevenção à saúde.

Nosso maior bem é a saúde, pois, sem ela, não existem condições de trabalho, não existe dignidade humana, não existe a possibilidade de produção, enfim, não há vida. Direito esse garantido na Constituição Federal, em seu artigo 7, XXII, aliás, o trabalho digno é um direito social, intimamente ligado à dignidade humana.

A instituição da aposentadoria especial, ou até mesmo conversão do tempo especial em comum, surgiu como medida paliativa, com o intuito de reduzir o tempo para uma aposentação mais cedo, para aqueles que trabalham expostos a agentes nocivos.

Em seu contexto histórico, esse tema sofreu e sofre inúmeras modificações, muitos dizem que pós-reforma da Previdência a aposentadoria especial acabou, mas a realidade é que o benefício não acabou, e estudar e entender como comprovar os períodos trabalhados em condições especiais à saúde é recomendado, principalmente para garantir a proteção devida e o melhor benefício ao trabalhador.

As concessões administrativas da aposentadoria especial, ou cômputo do tempo especial, são consideravelmente dificultosas e com muitos erros, devido a sua alta complexidade.

O reconhecimento da atividade exercida em condições nocivas à saúde, por vezes, aumenta o valor da renda mensal inicial do benefício, aumentando o número também de clientes satisfeitos, o que torna esse trabalho lucrativo.

Porém, devido a inúmeras alterações legislativas e entendimentos jurisprudenciais divergentes, muitos segurados deixam de lutar pelo seu direito, e muitos profissionais não fazem o caminho adequado para obter o sucesso nesses benefícios.

Aliás, este caminho não existe, o que temos são formas de conduzir o processo que irão trazer maiores chances de êxito, pois é comum entre os advogados a sensação de impotência ao tentar comprovar a atividade especial.

Após quase 18 anos atuando no Direito Previdenciário, venho observando o comportamento do Instituto Nacional de Seguridade Social (INSS), bem como do Conselho de Recurso da Previdência Social (CRPS) e da Justiça, e para uma atuação mais eficaz elaborei um roteiro técnico, que irei dividir com vocês.

A intenção deste capítulo não é ensinar quais os requisitos da aposentadoria especial, e sim, como produzir provas para conseguir comprovar a atividade especial e obter êxito nas concessões.

A comprovação é essencial para garantir o reconhecimento da atividade exercida em condições especiais. Explorar todos os meios de prova permitidos, tanto na esfera administrativa ou judicial, garantirá possibilidades de benefícios mais vantajosos aos segurados.

A Constituição Federal em seu artigo 5º inc. LVI assegura que: *"são inadmissíveis, no processo, as provas obtidas por meio ilícito"*. Neste mesmo sentido, o Código de Processo Civil determina em seu artigo 369 *in verbis*:

"As partes têm o direito de empregar todos os meios legais, bem como os moralmente legítimos, ainda que não especificados neste código, para provar a verdade dos fatos, em que se funda o pedido ou a defesa e influir eficazmente na convicção do Juiz".

Citei esses artigos acima pois eles abrirão para vocês o caminho para explorar os meios probatórios, e trabalhar para o fim de convencer os julgadores. E, para que isto ocorra, o início deve ser o processo administrativo.

Provocar o Judiciário com um processo administrativo mal instruído dificulta e muito o convencimento do Juiz, e consequentemente o êxito da demanda.

É sabido que o INSS adota decisões fundamentadas somente nas Instruções Normativas internas, embora a tendência das decisões do CRPS (Conselho de Recurso da Previdência Social) seja adotar decisões judiciais, mas ainda existe uma discrepância entre os entendimentos adotados.

Pois bem, o processo administrativo deve ser bem instruído, deverá conter todas as provas necessárias para comprovar a exposição dos agentes, e para que isso mapeie o perfil do segurado tenha em mente o seguinte roteiro:

Tenha em mãos um roteiro de perguntas essenciais, por

exemplo: Como é o local de trabalho? Qual a exposição ao agente nocivo? A empresa entrega o EPI (equipamento de proteção individual)? Faz os treinamentos adequados? A empresa entrega EPC (equipe de proteção coletiva)? Faz treinamentos? Faz limpeza e troca desses equipamentos? Questione a saúde do trabalhador, averigue se existe algum dano decorrente da atividade, como se existe perda auditiva, problemas na coluna etc.

As respostas a essas perguntas irão nortear você na busca dos documentos necessários, e ainda ajudarão na fundamentação processual. Solicite todos os documentos ao segurado essenciais, sendo eles: documentos pessoais, carteira de trabalho, e documentos entregues pela empresa que comprovem atividade especial.

Com a carteira de trabalho em mãos, questionando todos os vínculos, desenhe junto com o segurado como era o ambiente de trabalho, qual a atividade que efetivamente exercia, levante possíveis incongruências nos vínculos com a realidade de seu cliente.

Analise se as condições de saúde dele, alguma doença adquirida, possa ter relação com a atividade desenvolvida, e o mais importante, faça uma linha do tempo legislativa pontuando o momento de cada atividade. Peça ao segurado cópia de exames periódicos que tenha realizado na empresa.

Se houve danos à saúde, confira qual a CID (classificação internacional de doenças) da doença e análise o nexo técnico epidemiológico com o trabalho desenvolvido em conformidade com o disposto na Lista C do Anexo II do Decreto 3048/99.

A comprovação da atividade especial está condicionada à legislação vigente à época da prestação de serviço, ou seja, **o tempo rege o ato**, conforme prevê o art. 70 do Decreto nº 3.048/99.

Ao requerente caberá a comprovação da exposição a agentes nocivos prejudiciais à saúde ou à integridade física por meio de formulário próprio emitido pela empresa.

Apresento a seguir um quadro resumo, com as principais

alterações dos documentos necessários para comprovação da atividade especial, que inclusive vem bem explicado no artigo 274 da IN 128/22, e no anexo XVI:

Até 28.04.1995	De 29.04.1995 a 05.03.1997	A partir de 05.03.1997	De 01.01.2004
Enquadramento por categoria e agentes nocivos	Enquadramento através de provas da exposição ao agente nocivo.	Necessário LTCAT	Necessário apresentação do PPP
Decretos 53.831/1964 e 83.080/1979, anexos I e II	Lei 9032/1995, Decretos 53.831/1964 e 83.080/1979 anexo I	Lei Decreto 2.172/1997 e Decreto 3048/1999 anexo IV	Decreto 3048/1999 anexo IV, Decreto 4882/2003, Decreto 10410/2020 e Portaria MTP 334/22.
Documentos: Carteira de Trabalho ou Formulário da empresa, laudo técnico para exposição ao ruído.	Documentos: Formulários SB/40; DISES 8030; DIRBEN 8030	Documentos: SB/40, DISES-BE 5235, DSS 8030; DIRBEN 8030; LTCAT	Perfil Profissiográfico Previdenciário

Atualmente, o formulário PPP (Perfil Profissiográfico Previdenciário) é o principal documento para demonstrar a exposição a atividades insalubres e periculosas; esse documento é utilizado para concessão da aposentadoria especial (pura) e para conversão do tempo especial em comum.

O trabalhador que consegue um formulário do Perfil Profissiográfico Previdenciário (PPP) correto é uma exceção, então, olhe o tamanho do mercado. É um documento de alta complexidade de informação, que demanda uma análise especializada para seu preenchimento, e para solicitar as devidas correções.

A partir de janeiro de 2023, temos a implantação do PPP eletrônico, então todas as atividades exercidas a partir desta data deverão ter a informação do PPP já alocado no aplicativo do MEUINSS com a interação do E-social.

Com os documentos em mãos, confiram com as informações do CNIS (cadastro nacional de informação social), vejam se tem o indicador IEAN (indicador de exposição de agentes nocivos).

E, em caso de PPP incompleto ou incongruente, solicite que a empresa apresente laudo técnico ou o programa de prevenção de riscos ambientais (PPRA), pois o PPP é uma transcrição desses documentos, e deve ser fiel a eles.

Existem situações comuns que tornam a comprovação da especialidade um desafio. Por exemplo, na hipótese de a empresa não existir mais ou simplesmente não entregar a documentação correta ao segurado.

Quando a empresa se recusa a entregar o PPP ao empregado, a providência a ser adotada é o pedido judicial de correção ou entrega do documento. A ação deve ser movida junto à Justiça do Trabalho, e os entendimentos têm sido unânimes sobre a obrigatoriedade de entrega correta do PPP ao trabalhador.

Cabe aqui lembrar que, caso a empresa esteja em estado de falência ou recuperação judicial, isso não a exime da obrigatoriedade de disponibilizar o PPP, portanto, será necessário fazer o requerimento do documento para o administrador judicial, que será responsável pela emissão e pelas informações descritas.

Todas as solicitações feitas às empresas servirão de provas para instruir o processo, por isso documente tudo, por exemplo, ao solicitar o documento PPP (por telegrama, e-mail, notificação extrajudicial), descreva corretamente a atividade, e quais legislações a empresa deve obedecer, oriente-se pelo artigo 68 do decreto 3.048/99.

E quando a documentação que angariar nas buscas não for

suficiente, explore a Instrução Normativa PRES/ INSS 128/22, resolução 485 INSS de 2015, provoque o Instituto para que produza as provas necessárias.

O artigo 22, da IN 128 de 22, elucida que o INSS poderá realizar, conforme o caso, todas as ações necessárias à conclusão do requerimento, ou seja, emitir carta de exigência, tomar depoimentos, emitir Pesquisa Externa ou processar Justificação Administrativa – JÁ. E ainda, quando houver divergência do PPP com o relatado pelo segurado, peça inspeção no local de trabalho, conforme possibilita a resolução 485 de 2015.

Faça busca nos sites dos tribunais de justiça de processos em face da empresa, busque por laudos produzidos em processos de terceiros que poderão servir de provas emprestadas por similaridade.

Levante os laudos de empresas paradigmas no site da Justiça Federal da 4ª região (TRF4), eles possuem banco de laudos técnicos, utilize também laudo da FUNDACENTRO.

Concluindo, serão raras as vezes em que o INSS realizará as solicitações necessárias, tais como expedição de ofício à empresa, inspeção no local de trabalho... Sei que devem estar se perguntando "então para que você traçou esse roteiro de produção de provas até aqui?"

E a resposta é simples, quando não consigo êxito no processo administrativo, e tenho a necessidade de bater na porta do Judiciário, neste momento desenho todo o percurso, demonstrando a desídia da empresa e a inércia do Instituto, com o objetivo de conseguir o deferimento judicial para a produção das provas necessárias.

Na Justiça, além das provas já produzidas no processo administrativo, podemos explorar a prova pericial, conforme reza o artigo 156 do CPC. O juiz será assistido por perito quando a prova do fato depender de conhecimento técnico ou científico.

A prova pericial está definida nos artigos 464 a 480 do CPC, e ela se faz necessária sempre que houver erro no PPP ou laudo técnico, ou este não for fornecido pela empresa.

A prova pericial é produzida por um profissional técnico habilitado e de confiança do juízo, e ela pode ser produzida também em menor complexidade, conforme preconiza o artigo 464 §§ 2º, 3º, 4º.

A prova técnica simplificada nada mais é que a inquirição do especialista sobre algum ponto de divergência, por exemplo, quando for necessário questionar a eficácia do EPI (equipamento de proteção individual).

Em caso de empresa inativa, a produção da perícia indireta ou por similaridade será essencial, embora a instrução normativa 128/22 não permita esse tipo de prova, na Justiça podemos utilizar de todos os meios legais.

A prova testemunhal e o depoimento pessoal também devem ser explorados, porém, eles deverão ser utilizados para comprovar como era exercida a atividade do trabalhador

Portanto, a produção de referidas provas não é obrigatória, e cabe a nós convencer o juiz sobre quais são imprescindíveis, por isso, a necessidade de um processo administrativo bem instruído.

> *Nas lides que têm por escopo perscrutar o alegado exercício de labor especial sob o efeito de agentes nocivos, objetivando o reconhecimento ou não da especialidade da atividade no âmbito previdenciário, a realização de prova pericial é essencial para que, juntamente com a prova documental trazida aos autos, seja viabilizada a fundamentação da decisão acerca da natureza comum ou especial do labor exercido, sob pena de se caracterizar cerceamento de defesa, em prejuízo às partes, por debilidade do conjunto probatório. Precedentes. (TRF 3ª Região, 10ª Turma, ApCiv – APELAÇÃO CÍVEL – 5002876-87.2021.4.03.6141, Rel. Desembargador Federal LEILA PAIVA MORRISON, julgado em 28/06/2023, DJEN DATA: 30/06/2023)*

O êxito desse tipo de ação dependerá de provas, a comprovação da atividade especial trará a concessão de benefícios mais vantajosos, e ainda revisões de valores de aposentadorias já concedidas, garantindo uma melhora na renda mensal inicial, e ainda a possibilidade de valores atrasados.

Dominar esse tema com toda certeza aumentará o faturamento do seu escritório, e ainda proporcionará uma melhor atuação até mesmo no planejamento de aposentadorias futuras.

Vou aqui descrever um estudo de caso concreto. O senhor Benedito me procurou em 2014 para requerer sua aposentaria especial, ele na época contava com apenas 49 anos de idade, porém, já havia exercido mais de 25 anos de atividade em condições nocivas, fazendo jus a aposentadoria especial anterior a reforma da Previdência.

O segurado trabalhou nas seguintes empresas e funções:

CASTELO INDÚSTRIA ELETRÔNICA LTDA – função de aprendiz de linha montagem – período de 01/01/1978 a 13/11/1985.

CLIMP INDUSTRIAL DE PARAFUSOS – função de operador de máquinas – período de 18/11/1985 a 08/01/1996.

CASTELO INDÚSTRIA ELETRÔNICA LTDA – função de operador de prensas – período de 04/03/1996 a 22/08/1997.

INDÚSTRIAS GERAIS DE PARAFUSOS INGEPAL - função de prensista estampajonista - período de 24/11/1994 a 01/2014.

Observa-se que, pela descrição das atividades e os períodos das atividades exercidas, fazemos a análise conforme a legislação previdenciária, ou seja, enquadramento da atividade de operador de máquina, até 28.4.1995 é admissível o reconhecimento da especialidade do trabalho por categoria profissional.

A atividade de operador de máquinas pesadas é equiparada à do motorista de caminhão, em decorrência da aplicação analógica do item 2.4.4 do Anexo ao Decreto nº 53.831/64 e do item 2.4.2 do Anexo ao Decreto nº 83.080/79 (TRF4, AC 5011668-35.2022.4.04.9999, DÉCIMA TURMA, Relator MÁRCIO ANTÔNIO ROCHA, juntado aos autos em 12/12/2022).

Demais períodos, foram apresentados laudos técnicos, e documentos PPP das empresas acima citadas, porém, documentos apresentavam deficiências formais, sendo necessário solicitar expedição de ofício à empresa para correção.

Processo administrativo devidamente instruído, porém o INSS negou a aposentadoria sob os fundamentos de que *"trata-se de aposentadoria especial indeferida por não ficar comprovado no processo a efetiva exposição a agentes nocivos ou insalubres"*

Após recurso ao Conselho de Recurso da Previdência Social, com êxito parcial de reconhecimento de período especial, não tive outra alternativa a não ser socorrer a Justiça, eis que conseguimos vitória com implantação da aposentadoria especial desde 2014, processo finalizou o julgamento no ano de 2020, e INSS foi condenado a pagar todos os valores atrasados.

Veja que o processo durou mais de seis anos, porém, tive a certeza de que foi garantido o melhor benefício, trazendo melhores condições de vida. E é por esse propósito que o advogado previdenciário deve ser apaixonado, a busca incessante do direito social do segurado, por isso trago sempre comigo a seguinte frase:

"O esforço só é expresso em recompensa, quando uma pessoa se recusa a desistir." Napoleon Hill

Modelo de Notificação Extrajudicial para entrega do PPP.

Cidade/data.

Nome da Empresa

CNPJ: _____

ENDEREÇO: _____

A/C – Recursos Humanos/Setor Jurídico

Fulano XXX, XXX, XXX, vem, à presença de V.Sa., por sua advogada que esta subscreve, requerer que lhe sejam enviados o Perfil Profissiográfico Previdenciário (PPP) para fins de aposentadoria, nos termos da **INSTRUÇÃO NORMATIVA PRES/INSS Nº 133, DE 26 DE MAIO DE 2022 – PERÍODOS:** ___/___/_____ a ___/___/_____ na função de _____.

O PPP deverá conter a informação de todo o período trabalhado pelo ex-colaborador, apontando adequadamente a exposição ao agente nocivo.

A não entrega adequada acarretará no indeferimento de sua aposentadoria, causando-lhe prejuízo, e ainda a empresa poderá ser oficiada pelo próprio INSS, podendo responder até mesmo por multa, de acordo com o artigo 68 do decreto 3048/99.

Por fim, requer que os documentos sejam remetidos pelo correio, endereço _____.

Na certeza de sermos prontamente atendidos, desde já agradecemos.

Atenciosamente,

_____

Advogada

Com ou sem reconhecimento de vínculo trabalhista? Como averbar a ação trabalhista no seu CNIS

Marilu Ramos

FACEBOOK

Advogada formada pela Universidade São Judas em São Paulo, com atuação na área desde 1998. Inicialmente pós-graduada em Direito Empresarial, exerceu a atividade para várias empresas, mas sempre auxiliando as pessoas físicas em seus processos de aposentadoria quando, em 2016, volta o seu olhar e atuação para a área previdenciária com Especialização e MBA no Direito Previdenciário.

Desde nova sempre me interessou o universo da aposentadoria, o labor por um período e do fruto do seu trabalho após a sua contribuição o recebimento do tão esperado benefício.

Já na minha graduação tive a felicidade de contar com a matéria do Direito Previdenciário na grade curricular, o que poucas faculdades na década de 90 elencavam.

Iniciando a jornada jurídica em um escritório empresarial, na área do Direito trabalhista a célebre frase nas antessalas de audiência sempre era elencada para o profissional que estava pleiteando o reconhecimento do seu vínculo empregatício com determinado empregador: "com ou sem reconhecimento de vínculo empregatício?" Por que essa pergunta se faz tão importante? Para o empregador, uma série de despesas com as quais deixou de arcar não lhe será cobrada, mas para o segurado que foi o empregado muita coisa há a perder.

Para o jovem trabalhador o tema aposentadoria pode parecer tão distante..., "mas estou na flor da idade, não pensarei nisso agora".

Para os de meia-idade, a ideia é: "não quero caminhar um longo período, com o processo trabalhista para o reconhecimento do vínculo, prefiro o recebimento imediato de uma indenização, aposentadoria... vou pensar".

Isso sempre me intrigou: como uma pessoa não pensa em

seu futuro e a averbação de uma reclamatória trabalhista dentro do CNIS (Cadastro Nacional de Informações Sociais) trará benefícios ao segurado?

Quando o cliente chega até nós uma entrevista atenta sempre nos conduzirá para a melhor orientação a ser dada.

Nessa entrevista, saber do cliente como foi o início da carreira profissional sempre trará as informações que o CNIS não tem. Extremamente necessário ter esse documento em mãos e nesse bate-papo saber do passado para que possamos traçar o futuro.

Quando na conversa você identifica que naquela lacuna teve uma ação trabalhista que não foi averbada no CNIS, e oferece a oportunidade de acréscimo do período, os olhos do seu entrevistado brilham, pois a inclusão de alguns meses, podendo chegar a anos, poderá conferir o período mínimo exigido pelo INSS ao seu cliente.

Direito do Trabalho e Direito Previdenciário, sim, eles devem caminhar de mãos dadas e, se antes a matéria previdenciária era opcional, hoje ela encontra-se mais engajada nos bancos da graduação aos bacharéis em Direito.

– Vou me aposentar, o período que trabalhei não está cadastrado junto ao INSS, perdi esse tempo?

Aqueles que passaram por uma demanda trabalhista, buscando um reconhecimento do vínculo empregatício, não podem desprezar esses anos de trabalho para que venham a compor o seu período contributivo. Na contagem de tempo, alguns dias fazem a diferença para compor o conjunto.

A legislação previdenciária brasileira ao longo dos anos sempre trouxe mudanças que mexem com o futuro de todos. É tão comum o pensamento de todo cidadão: o que me espera?

Mas qual caminho seguir? Tenho uma ação trabalhista que reconheceu o meu vínculo empregatício, isso não basta? O juiz não é a autoridade máxima? Por qual motivo o INSS faz tanta exigência para averbar o meu tempo que foi reconhecido judicialmente? Não foi aceito o meu período de maneira administrativa, que caminho percorrer? Poxa, novamente o Judiciário?

Infelizmente não temos no nosso ordenamento jurídico brasileiro o entrelaçamento das informações, assim, caberá ao segurado/empregado levar até o INSS o período que ele teve reconhecido em uma ação trabalhista, por isso aqui é tão importante que um advogado especialista faça o acompanhamento dessa averbação.

Uma das primeiras dúvidas que precisam ser dirimidas é: você a qualquer tempo pode fazer a inclusão de dados no seu CNIS, neste documento constará toda a sua vida de contribuições ao INSS, sejam elas como segurado empregado, contribuinte individual, facultativo e outros.

Ter as informações corretamente inseridas na base de dados do INSS facilitará a celeridade da concessão de qualquer benefício previdenciário que você venha a pedir.

A Constituição Federal em seu art. 201, § 11, já dá o amparo para que essa retificação ocorra, vejamos:

> *"Os ganhos habituais do empregado, a qualquer título, serão incorporados ao salário para efeito de contribuição previdenciária e consequente repercussão em benefícios, nos casos e na forma da lei".*

E também o art. 28, I da Lei nº 8.212/91, art. 29, § 3º e art. 29 – A, § 2º e § 5º da Lei nº 8.213/91, que é necessário colacionarmos:

Art. 29-A. O INSS utilizará as informações constantes no Cadastro Nacional de Informações Sociais – CNIS sobre os vínculos e as remunerações dos segurados, para fins de cálculo do salário-de-benefício, comprovação de filiação ao Regime Geral de Previdência Social, tempo de contribuição e relação de emprego.

§ 2º O segurado poderá solicitar, a qualquer momento, a inclusão, exclusão ou retificação de informações constantes do

CNIS, com a apresentação de documentos comprobatórios dos dados divergentes, conforme critérios definidos pelo INSS.

...

§ 5º Havendo dúvida sobre a regularidade do vínculo incluído no CNIS e inexistência de informações sobre remunerações e contribuições, o INSS exigirá a apresentação dos documentos que serviram de base à anotação, sob pena de exclusão do período.

Assim, uma vez comprovada a relação de emprego deve ser reconhecido o direito correspondente ao segurado que ensejará na composição desse tempo em seu CNIS.

Também é necessário mencionar a Instrução Normativa 128/22 em seus artigos 172 a 176, que será o guia administrativo para que seja averbada a inclusão do vínculo trabalhista que foi reconhecido na esfera judicial.

Isso deveria ser muito mais utilizado, já que a própria Instrução Normativa traz uma sessão discriminando como deve ser averbada uma reclamatória trabalhista no CNIS.

O art. 172 da IN 128/22 nos reporta que:

> *"A reclamatória trabalhista transitada em julgado restringe-se à garantia dos direitos trabalhistas e, por si só, não produz efeitos para fins previdenciários"...*

O INSS vai exigir prova material, ou seja, documentos que estiveram na reclamatória trabalhista ou outros que demonstrem o mesmo fato.

Você pode estar se perguntando: todo um processo novo de um ato que já está julgado? Tudo isso é feito para que se evitem falsos vínculos trabalhistas que possam ser averbados no CNIS.

Devemos fazer menção às súmulas prolatadas pela TNU (Turma Nacional de Uniformização) que merece ser elencada sobre esse tema:

> *A anotação na CTPS decorrente de sentença trabalhista homologatória constitui início de prova material para fins previdenciários.*

Lembra-se da nossa pergunta do início do tema, com ou sem reconhecimento de vínculo trabalhista sempre escolha com reconhecimento, independentemente dos meses trabalhados, preserve o seu futuro, você, segurado/empregado.

O caráter social da lei está muito intrínseco na esfera previdenciária, a concessão do benefício traz dignidade ao segurado/trabalhador, esse período que foi buscado para ser incluído no CNIS traz uma enorme alegria quando temos o primeiro pagamento ao beneficiário.

Outra consideração que se faz necessária ao tema é que, se o segurado/empregado entrou com uma ação trabalhista, mas que já tem o vínculo incluído em seu CNIS, e houve o acréscimo de verbas salariais reconhecidas (salário extracontratual, porém não se limitando só a isso) em sua demanda processual, isso também deve ser incluído, pois ajudará em uma renda mensal maior.

Por conta disso sempre observo: não deixe para averbar a sua reclamatória processual trabalhista só quando for o seu tempo de se aposentar, já deixe incluso esse período assim que houver o trânsito em julgado do seu processo.

O primeiro precatório para chamar de meu...
Aposentadoria especial

INSTAGRAM

Advogada Previdenciarista, professora, mentora, estrategista em cálculo. Mestranda em Direito Processual Constitucional Internacional, na UNLZ – Argentina. Pós-graduada em Direito e Processo Previdenciário. Extensão em Direito do Trabalho, cálculos e perícias previdenciárias. Extensão em Gestão de Escritórios de Advocacia da EBRADI. Pós-graduanda em Higiene Ocupacional. Diretora de Gestão e Marketing do IEPREV. Coordenadora do IEPREVCALC. Vice-presidente da Comissão Nacional de Direito Previdenciário da ABA. Autora de Obras Jurídicas. Sócia-fundadora do DestrataPrev. Sócia nominal do escritório Neves e Feliciano Advogados Associados.

Sou advogada desde 2009, passei por algumas áreas até me apaixonar pelo Direito Previdenciário. Gosto de contar que tudo começou com um pequeno flerte, olhares rápidos e tímidos com uma área a qual o escritório em que trabalhava na época não tinha muita intimidade. Porém, que se apresentou a mim de forma tão encantadora, a ponto de me colocar lendo o inteiro teor de sentenças e acórdão para entender um pouco mais deste ramo e suas peculiaridades. Por isso não consigo expressar em palavras minha alegria em compartilhar este caso concreto. Aqui quero traçar com você um paralelo entre meus erros e acertos nesta ação, o quanto minha estratégia mudou da iniciante na área à advogada e professora previdenciária de hoje na busca pelo melhor benefício para meu segurado. Não pensem que sou possessiva, falo "meu" pelo carinho e cuidado com que trato cada cliente que entra no escritório e tenho certeza de que com você também é assim, não é?

Pois bem, meu cliente, aqui chamado de Damião, entrou na minha sala no ano de 2013 na busca de uma aposentadoria especial, ele, que é caminhoneiro desde os anos 80 e vinha trabalhando como autônomo nos últimos 15 anos. Chegou com uma Carteira de Trabalho rasgada, alguns PPPs (Perfil Profissiográfico Previdenciário), o documento do caminhão que acabara de comprar e sua Carteira de Motorista categoria AE, se sentou à minha mesa e começamos a conversar.

O ponto inicial que entendo como fundamental para a procedência de uma ação previdenciária é o primeiro atendimento, pois esta é a base para que você entenda toda a vida pregressa do segurado, visualize as possíveis estratégias e defina as regras do jogo de sua relação com o seu cliente. Por isso, tenha em mãos uma boa ficha de atendimento, faça as perguntas certas investigando cada vínculo; escute qual é a intenção do cliente, o que ele busca neste atendimento e não seja imediatista! Isso mesmo, peça um tempo para analisar todas as informações, se necessário solicite novos documentos, e já deixe marcada uma devolutiva para entrega da análise e assinatura do contrato. Valorize seu trabalho, demonstre o cuidado e a atenção que você tem com cada caso, e claro!, não deixe de cobrar a consulta.

Vou ser franca, com o Sr. Damião, a minha inexperiência da época somada à vontade de fechar o contrato fez com que minhas atitudes fossem outras. Assinei o contrato de imediato, fiz uma entrevista rasa e uma investigação bem aquém do que realmente era necessário. Como consequência, para conseguir entender todos os pontos, tive que atendê-lo uma centena de vezes no meu escritório, por isso, hoje, trago a você a importância deste primeiro contato, bem como de uma entrevista completa e eficaz.

Sabemos que a aposentadoria especial em sua essência é devida ao segurado que fora exposto a determinados agentes nocivos em atividades insalubres, perigosas ou penosas em seu ambiente de trabalho que prejudiquem a saúde ou a integridade física do trabalhador. Devido a este "tempo de exposição", por um ajuste matemático, determinou-se um menor tempo de contribuição para a concessão deste benefício, de forma a permitir a retirada deste trabalhador do mercado de trabalho com 15, 20 e 25 anos, a depender do agente agressor (art. 32 da Lei nº 3.807/1960). Com a Emenda Constitucional 103/2019, a famosa Reforma da Previdência, o texto constitucional passou por inúmeras alterações na tentativa de desvirtuar sua finalidade; neste sentido posso citar a retirada da expressão "integridade física", a imposição de uma idade mínima como requisito para concessão e ainda as alterações na forma de cálculo deste benefício; porém este é um assunto que será abordado em outra oportunidade.

Para a análise do nosso caso concreto é importante pontuar dois marcos temporais sobre a análise dos requisitos e as formas de comprovação deste benefício, isso porque em matéria previdenciária tem-se como regra a observância do princípio *tempus regit actum*, ou seja, a efetivação do direito deve se dar nos termos da lei vigente à época.

Assim, temos que o tempo de serviço prestado em condições especiais, até 28/04/1995, pode ser comprovado por duas formas, mediante o simples enquadramento da atividade profissional no rol dos Decretos nº 53.831/64 ou 83.080/79, ou, ainda, pela demonstração, por qualquer meio de prova da exposição do trabalhador aos agentes agressivos[1]. Realidade alterada com a publicação da Lei nº 9.032/95, que deu nova redação ao §3º do art. 57 da Lei nº 8.213/91, instituindo como requisitos: a) a comprovação da exposição ao agente nocivo cuja análise pode ser quantitativa ou qualitativa a depender do agente; b) o critério habitualidade e permanência.

Atualmente o Anexo III da Portaria Dirfben/INSS nº 991/2022 reuniu os dois anexos dos precitados decretos que traziam o enquadramento por categoria profissional, facilitando a análise do enquadramento por categoria. Temos ainda a delimitação desta espécie de aposentadoria nos art. 201, § 1º da Constituição Federal, arts. 19 e 21 da EC 103/19, na Lei nº 8.213/91, arts. 57 e 58; Decreto 3.048/99, com redação do Decreto 10.410/20, arts. 64 a 69 e 188-P, Instrução Normativa INSS 128/2022, arts. 260 a 302, Portaria DIRBEN/INSS nº 991/2022, arts. 277 a 317 e no Manual da Aposentadoria Especial, Resolução 600/17 Tópico 1.

---
[1] Exceto agentes físicos ruído e calor, em qualquer época, segundo a jurisprudência pacífica do STJ e das Cortes Federais, sempre exigiu comprovação por meio de laudo técnico (nesse sentido: STJ, AgRg no AREsp 643.905/SP, Rel. Min. Humberto Martins, Segunda Turma, j. 20/8/2015, DJe 1º/9/2015).

Após esta breve contextualização legislativa e ultrapassados os dados iniciais do caso concreto proposto, vamos à fase que nomeio como "pré-processual". Ela consiste na análise pormenorizada do caso e na construção de uma ficha analítica com os dados do cliente, objeto da ação, as provas e fundamentos para minha pretensão, identificando o que chamo de pontos críticos (aqueles detalhes do processo que necessitam de um cuidado especial, como teses não pacificadas, falhas na documentação, dentre outros), finalizando com a estratégia escolhida para o caso. Utilizo esta técnica até hoje, e esta estrutura inicial vai para meu arquivo, assim como, com o passar dos anos, esse atendimento, tanto eu quanto qualquer membro da minha equipe iremos entender o caso e o porquê do caminho escolhido. Neste caso quero chamar sua atenção para alguns de meus apontamentos, que passo a transcrever:

> *Tese escolhida:* Entrar na via administrativa, porém sei que será negada. Administrativamente o INSS não reconhece o tempo especial no caso (CI não cooperado). Então vamos buscar uma perícia. Atenção: a perícia tem que ser no modelo de caminhão da época (maior ruído, vibração e ele informou que não tinha ar-condicionado).
>
> *Solicitar:* Uma nota fiscal por mês de todo o período. Documento do caminhão antigo. Comprovação de cursos na área, e já pensar em três empresas para futura perícia judicial.
>
> *Intenção:* Aposentar e continuar trabalhando."

Tão logo o Sr. Damião me apresentou a documentação complementar solicitada protocolei a peça administrativa. Esta era enorme, com inúmeras jurisprudências e citações doutrinárias. Bem diferente da que utilizo hoje, e que quero compartilhar com você:

Ao INSS Digital

_____, CPF _____, por sua procuradora que esta subscreve, vem a à presença de Vossa Senhoria requerer a concessão de **APOSENTADORIA ESPECIAL B/46**, pelos seguintes fundamentos fáticos e jurídicos:

1. Busca-se o enquadramento por categoria profissional (apresentação nos termos da Portaria 991/2022 art. 300, II):

Período	Atividade/ função	Código/ decreto	Empresa/ CNPJ	CNAE	Empresa Ativa	Prova
XX/XX/XX A XX/XX/XX	Motorista carreteiro	2.4.2. D. 83.080 Anexo II	xxxx.xxxx.xx	4930-2/02	SIM	CTPS – fls.
XX/XX/XX A XX/XX/XX	Motorista carreteiro – vínculo autônomo	2.4.2. D. 83.080 Anexo II	xxxx.xxxx.xx xxxx.xxxx.xx xxxx.xxxx.xx	4930-2/02 4930-2/02	SIM NÃO	CADPF – COD 98620 – Inscrição 1977 Notas Fiscais

2. Referente ao período por exposição a agentes nocivos pós-1995:

   2.2 Período: xx.xx.xx a xx.xx.xx

   • Agente nocivo (enquadramento ou previsão na IN):

   – Ruído   XXX   (art. 292 IN 128);

   – Vibração   XXX   (art. 296 IN 128)

   – Calor   Xxxx   (art. 293 IN 128);

   • Empresa: xxxxxxx

   • Prova: PPP

Impugnação específica ao documento ambiental apresentado pela empregadora: no PPP apresentado pela empregadora (em anexo), embora comprove que o segurado era exposto ao agente nocivo Ruído acima da média legal, não traz a técnica utilizada (NR15 ou NHO-01). Sendo que para sanar tal omissão o segurado enviou **notificações através de e-mail e também através de cartas registradas com AR's de retorno (em anexo), ocorre que tais empresas quietaram-se inertes.**

3. Assim, o segurado não se desincumbiu de seu ônus probatório, pelo contrário, não conseguiu juntar os documentos ambientais em decorrência da atitude ilícita das ex-empregadoras. Desta feita resta demonstrada a necessária maior dilação probatória nos termos do art. 556 da IN 128.

Neste sentido, é obrigação da autarquia auditar quaisquer irregularidades nos documentos ambientais e sanar possíveis divergências segundo o Decreto 3.048/99 no seu Art. 338 § 2º e 3º. A Resolução INSS nº 485/2015 de 08.07.2015 dispõe o procedimento a ser adotado por esta "**inspeção no ambiente de trabalho**". Disposto no art. 294 da Portaria Dirben n. 991/2022. O que desde já requer!

Por fim, com fulcro no art. 556, parágrafo único c/c 280 parágrafo único da IN128, requer que as empregadoras sejam notificadas via ofício para fazer aos autos o LTCAT dos precitados vínculos.

Conforme narrado acima, o Autor preencheu todos os requisitos para a concessão do benefício de aposentadoria especial, em data anterior à aprovação da EC 103/2019, que entrou em vigor em 13/11/2019, sendo garantida a regra de transição do direito adquirido. Tal regra encontra-se disposta no art. 3º da EC 103/2019.

4. ISSO POSTO, requer:

A) O recebimento do requerimento; com a produção de todos os meios de prova em direito admitidos. Sendo que, no caso de necessidade de dilação probatória, requer seja aberto prazo para cumprimento das exigências pertinentes;

B) Caso seja necessária a complementação de contribuições, a segurada desde já requer a abertura de carta de exigência específica para tal fim.

C) Seja realizada **inspeção** nas empresas XXXXXXXXXX nos termos do art. 294 da Portaria Dirben n. 991/2022 para averiguar as informações constantes no formulário PPP;

D) Seja deferida a consulta no banco de dados colocados à disposição do INSS, juntamente com a emissão de ofícios a empresas empregadoras Emissão de ofícios;

E) Em caso de necessidade de dilação probatória, requer a realização de pesquisa externa para averiguação das informações prestadas pelo Autor, nos termos do art. 573 IN 128/2022.

F) Caso necessária a utilização da Justificação Administrativa – JA, conforme previsto nos art. 567 da IN 128/22.

G) O reconhecimento, declaração e averbação de tempo de serviço especial, devidamente declinado no período descrito no item 1, cito: **de xxxx até xxxxxx; de xxxxx até xxxxxx; de xxxxxx até xxxxxx e xxxxxx até os dias atuais;**

H) A concessão do benefício de **APOSENTADORIA ESPECIAL**, a partir da data do benefício;

K) Caso não seja apurado tempo de contribuição suficiente até a data do agendamento, requer a reafirmação da DER para a data em que o segurado preencheu os requisitos para a concessão do benefício, com fulcro nos §3º do art. 222 c/c, § 1º do art. 589 da IN 128/2022.

Termos em que

Pede Deferimento

_____, ___ de _____de 22__.

_____

Nome e OAB

Vale lembrar que na fase administrativa devemos ter algumas coisas em mente. Primeiro, que até o ano 1995 quem analisa o tempo especial é o servidor da APS. Logo, faça uma peça clara e objetiva, organize seus documentos em ordem cronológica, salve e nomeie estes de acordo com os parâmetros solicitados pela autarquia – 24 bits Colorido, documentos estejam na posição correta de leitura (retrato), tamanho de cada arquivo até 5MB, nomeação e agrupados de acordo com o seu tipo (NOME_CPF_TIPO), dentre outros documentos que couberem –, isso facilitará o entendimento e ajudará a formar a convicção do servidor.

Faça todos os pedidos de produção de prova pertinente, instrua e impugne o que for necessário. Entenda que em muitos casos as decisões administrativas estão melhores que as judiciais. E não se esqueça, o processo administrativo bem feito é a base para um processo judicial procedente! Inclusive para o deferimento da produção da prova pericial é tão importante quanto a deste caso.

Segundo, conheça o posicionamento administrativo sobre o tema para definir a melhor estratégia. Você se lembra que desde a fase pré-processual falei que na via administrativa não iria ter o reconhecimento do tempo especial para o contribuinte individual? Tal posicionamento é devido à interpretação restritiva do art. 64 do Decreto nº 3.048/1999, que traz a possibilidade da aposentadoria especial somente aos segurados empregado, trabalhador avulso e contribuinte individual cooperado. O que não é o caso.

Por isso, ciente do posicionamento de que *"A jurisprudência do Superior Tribunal de Justiça tem admitido o reconhecimento da especialidade de atividade exercida pelo segurado contribuinte individual, bem como da concessão de aposentadoria especial. (AgInt no AREsp 1697600/PR, Rel. Ministro MAURO CAMPBELL MARQUES, SEGUNDA TURMA, julgado em 26/04/2021, DJe 29/04/2021)"*. Bem como da Súmula 62/TNU, cito: *"O segurado contribuinte individual pode obter reconhecimento de atividade especial para fins previdenciários, desde que consiga comprovar exposição a agentes nocivos à saúde ou à integridade física."* Minha opção foi buscar a via judicial diante do indeferimento e não insistir em um recurso para o Conselho de Recursos da Previdência Social.

Assim, interpus a demanda judicial e lá foi deferida a prova pericial *in loco* em uma das empresas que o Sr. Damião havia prestado serviço, validando assim todo o período que deste como contribuinte individual. No dia da produção desta prova o Sr. Damião conseguiu um caminhão do mesmo ano e modelo do veículo que usou ao longo dos anos, não me esqueço jamais! Todos das partes dentro da pequena cabine, apertados e morrendo de calor! No final da perícia o caminhão quebrou, isso mesmo, não ligou mais e saiu dali guinchado. Conseguimos comprovar ruído, calor e vibração e desta ação veio o primeiro precatório para chamar de meu. Tive ainda a honra de ser a advogada dos três irmãos deste segurado, que sempre fazia questão de vir no meu escritório para tomar um café nestes nove anos de trâmite da ação. Você deve estar se perguntando: em algum momento ele ficou nervoso pela demora?! Sim, teve, em vários, por isso é tão importante ser franco com seu cliente, fazê-lo entender os entraves do processo e o que você está fazendo para solucioná-los, isso ajuda e muito!

Assim, neste processo estudei, me reinventei e acertei, e, por isso, para você que está lendo este capítulo deixo minhas últimas palavras: Não tenha medo. Entenda sua própria caminhada e não se perca em cobranças ou comparações sem sentido. Sei que construir uma carreira não é fácil, porém quem disse a você que gostamos de algo fácil? Vá à luta e jamais se limite, acredite em você.

Benefício indeferido por ausência de qualidade de segurado, e agora? Efetividade do período de graça e sua extensão na concessão de um benefício previdenciário pelo INSS

Najara Lima

INSTAGRAM

Advogada Previdenciarista. Graduada em Direito com Láurea Acadêmica pela Universidade Cruzeiro do Sul. Especialista em Direito Previdenciário, com atuação nas diversas demandas junto ao RGPS e ao RPPS. Pós-graduada em Direito Processual Civil pelo Centro de Estudo Leonardo Da Vinci – UNIASSELVI. Pós-graduada em Direito Militar pela Universidade Cruzeiro do Sul – UNICSUL. Aluna Especial no ano de 2020 na Disciplina História do Direito no Mundo Ocidental na Universidade de São Paulo (USP). Aluna Especial no ano de 2020 na Disciplina Tópicos Especiais de História Econômica do Brasil na Universidade de São Paulo (USP). Autora e coautora de artigos científicos.

Eu me sinto agraciada com a oportunidade de escrever sobre o Direito Previdenciário. Ele me escolheu e eu, de fato, amo trabalhar neste âmbito. A cada dia percebo a importância da nossa atuação no Direito Previdenciário, ser um instrumento de transformação é a base dessa função.

Entenda que o previdenciarista não é apenas um profissional, possuímos uma função social, somos garantidores de direitos fundamentais.

Escolhi o Direito Previdenciário como único ramo de atuação profissional. Hoje posso dizer que sou uma previdenciarista e com muito orgulho. Por isto, minha satisfação em escrever sobre este tema.

E foi no meu dia a dia de trabalho que descobri, após erros, acertos e algumas conquistas, a importância de realizar a contagem correta do período de graça e de suas possíveis extensões, porque isso pode significar um deferimento de benefício onde já há um indeferimento.

Desta forma, a seguir, tentando não ser cansativa, trarei algumas considerações, que permitirão entender o tema aqui tratado e orientá-lo sobre o caminho que deve seguir quando do indeferimento de um benefício por ausência de qualidade de segurado, a fim de que a análise do período de graça seja efetiva e para que não se perca o direito do segurado ou dependente.

Perda da qualidade de segurado e período de graça

Nos livros, normalmente, encontramos o período de graça atrelado ao tema qualidade de segurado, visto que o período de graça se inicia após a perda da qualidade de segurado.

A qualidade de segurado é o atributo dado a quem se filia ou refilia ao INSS e que faça pagamentos mensais a título de previdência social como empregado, trabalhador avulso, contribuinte individual ou facultativo, empregado doméstico e segurado especial.

Enquanto os pagamentos estiverem sendo realizados, estes contribuintes se manterão na qualidade de segurados, fazendo jus ao recebimento dos benefícios previdenciários geridos pelo INSS.

Sendo assim, quando um desses contribuintes, seja em qual categoria se enquadrar, deixar de contribuir perderá a qualidade de segurado? Sim, mas gradualmente.

É aqui que entra o nosso tema. Quando o filiado ao INSS deixa de contribuir, ele não perderá a qualidade de segurado imediatamente, a lei traz um limite de tempo, denominado "período de graça", em que ele manterá a qualidade de segurado, tendo os mesmos direitos previdenciários, mas sem realizar pagamentos.

O período de graça se estende por períodos diferentes a depender do tipo de segurado, segundo o artigo 15, da Lei nº 8.213/91, ele pode ser de até 12 meses após cessadas as contribuições, para o segurado que estiver suspenso ou licenciado sem remuneração ou que deixar de exercer atividade remunerada abrangida pelo Regime Geral da Previdência Social.

Também é de até 12 meses o período de graça após a segregação, para o segurado acometido de doença de segregação compulsória. Assim como para o segurado retido ou recluso, após o livramento.

É de três meses após o licenciamento, para o segurado incorporado às Forças Armadas que pare de prestar serviço militar. E é de seis meses, após a cessação das contribuições, para o segurado facultativo.

Na análise do período de graça, a dificuldade de reconhecimento perante o INSS está na extensão do período, que pode se dar por mais 12 ou 24 meses além do período comum, para o segurado que deixar de exercer atividade remunerada abrangida pelo RGPS ou que estiver suspenso ou licenciado sem remuneração.

Assim, o segurado desempregado tem o direito de prorrogar por mais 12 meses o seu período de graça, totalizando 24 meses.

Se o segurado já houver pagado mais de 120 contribuições, sem interrupção que provoque a perda da qualidade de segurado, tem o direito a prorrogar por mais 12 meses o período de graça. Assim, em determinada situação é possível que a qualidade de segurado se estenda por até 36 meses.

Logo, é possível que uma determinada pessoa se mantenha na qualidade de requerer um benefício do INSS mesmo estando sem contribuir por até 36 meses.

Quando um caso chega ao conhecimento do previdenciarista é importante a análise desta extensão, porque não é absoluto o indeferimento de benefício previdenciário por ausência de qualidade de segurado.

Isso porque por muitas vezes analiso casos que se amoldam perfeitamente na extensão do período de graça, sendo, portanto, injusto o indeferimento.

Não posso dizer que a extensão do período de graça caberá para todos os segurados, mas posso dizer que dos benefícios que analisei, parte dos casos de pensão por morte, auxílio por incapacidade temporária, auxílio-reclusão e salário maternidade geram direito a prorrogação do período de graça, no mínimo por mais 12 meses, contudo, são indeferidos pelo INSS por ausência de qualidade de segurado.

Case

Devido aos indeferimentos do INSS sob a justificativa de ausência da qualidade de segurado, passei a analisar com mais cuidado o período de graça e as suas possíveis extensões e concluí que muitos indeferimentos são injustos.

Em uma dessas análises me deparei com a Patrícia (nome fictício), esta era uma criança que contava com dez anos de idade.

O pai da Patrícia havia solicitado, em nome desta, o benefício de pensão por morte, devido ao falecimento da mãe da criança, que ocorrera em 24/09/2017.

Contudo, da solicitação recebeu a resposta do INSS de que o benefício havia sido negado por ausência de qualidade de segurada da mãe falecida.

Cabe ressaltar que parte dos indeferimentos de benefícios sob o fundamento da ausência de qualidade de segurado para empregados são analisados apenas com a extensão do período de 12 meses após a última contribuição.

O INSS em alguns casos analisa a possível extensão por mais 12 meses - se houver recebimento de seguro-desemprego, em outros, como neste *case*, não analisa pela situação de o segurado ou instituidor possuir mais de 120 contribuições sem perda da qualidade de segurado.

A mãe da Patrícia havia trabalhado com registro na CTPS (Carteira de Trabalho e Previdência Social), tendo a última contribuição reconhecida pelo INSS em 09/2015, ou seja, para o INSS ela perdeu a qualidade de segurada em 16/11/2016 (Vide o artigo 15, §4º, da Lei 8.213/91 e art. 30, da Lei 8.212/91).

No entanto, a mãe, ora falecida, havia recebido seguro-desemprego após o seu último trabalho, logo, tinha direito a prorrogação da sua qualidade de segurada por mais 12 meses, porquanto estava no período de graça até 15/11/2017.

Não é incomum clientes procurarem o previdenciarista com este tipo de indeferimento. Estes clientes não possuem conhecimento legal, mas realizam os requerimentos administrativos sozinhos sob a esperança de que terão os seus direitos garantidos e que serão observadas as mais benéficas regras para análise dos seus casos e para concessão. Mas não é o que vejo na prática.

Voltando ao caso da pensão por morte, quando analisei o caso, verifiquei que o período de graça da falecida deveria ser estendido por mais 12 meses, devido ao desemprego involuntário, vez que ela recebeu seguro-desemprego e, ainda, estava à procura de emprego antes do falecimento, mas não lhe davam oportunidade.

A criança, minha cliente, embora após o falecimento tenha passado a residir com o genitor, dependia da mãe para sobreviver financeiramente. Assim, a ausência desta lhe geraria, além da ausência materna, dificuldades financeiras.

Portanto, após a análise e constatar que a instituidora estava no período de graça, logo, mantinha a qualidade de segurada para gerar direito a pensão por morte, o passo seguinte foi colher todos os documentos necessários para a propositura da ação judicial.

A Carteira de Trabalho e Previdência Social da falecida, certidão de óbito, documentos da criança e consulta do recebimento do seguro-desemprego foram a base documental para o caso e se ela não tivesse recebido o referido optaria por realizar prova testemunhal do desemprego.

Neste caso, informo que a estratégia de propositura de

ação judicial ou recorrer ao Conselho de Recursos da Previdência Social vai depender de cada profissional previdenciário. No meu caso optei pela ação judicial.

Reunidos os documentos, realizei a propositura da ação judicial.

Após o andamento do processo judicial foi proferida sentença e esta foi pela procedência do pedido, ou seja, houve o reconhecimento judicial de que a instituidora da pensão por morte, mãe da criança, estava no período de graça e que este deveria ser estendido por mais 12 meses devido ao desemprego, condenando o INSS a conceder à criança o benefício de pensão por morte desde a data do óbito.

Verifica-se que a função do previdenciarista não para com o indeferimento administrativo. O previdenciarista precisa trabalhar e entender a legislação previdenciária, assim como as normativas administrativas.

Assim, no *case* citado, o indeferimento foi indevido, vez que a instituidora falecida, de fato, havia recebido seguro-desemprego, logo, o seu período de graça não era apenas de 12 meses, mas de 24 meses. Portanto, na data do falecimento estava na qualidade de segurada, gerando o direito ao recebimento de pensão por morte para a sua filha.

Efetividade do período de graça e função social

A base para análise da qualidade de segurado é a lei, com o intuito de verificar no caso concreto se é possível estender o período de graça além dos 12 meses comuns considerados pelo INSS.

Lembrando que o Judiciário tem sido assertivo no sentido de que a ausência de registro em órgão do Ministério do

Trabalho não impede a comprovação do desemprego por outros meios admitidos em Direito, como a prova testemunhal. Nesse sentido é o preceito da Súmula 27 da Turma Nacional de Uniformização e do Informativo 553 do STJ.

Ademais, judicialmente também é possível reconhecer a extensão do período de graça por mais 12 meses, em razão de desemprego, para o contribuinte individual, diante da tese firmada pela TNU no Tema 239.

Certo é que o período de graça tem exatamente esta função social, a de proteger o trabalhador, o cidadão que contribui com a previdência social, mas que, por um infortúnio, em determinado momento da sua vida passa a uma situação de desemprego involuntário, sendo garantida pelo Estado a sua proteção ou de seu dependente diante do risco social, seja na concessão de pensão por morte, auxílio-reclusão, benefício por incapacidade, auxílio-acidente ou auxílio-maternidade.

Um exemplo da importância deste instituto é o *case* apresentado, mas também é a possibilidade de se estender o período de graça para um trabalhador de idade avançada, casos que já vi em atendimentos, que contribuiu para a previdência social mais de dez anos, e de repente é demitido de seu trabalho sem justa causa.

O trabalhador referido, provavelmente, irá receber seu seguro-desemprego, mas depois terá dificuldade em se reinserir no mercado de trabalho devido à idade avançada, o salário mais alto que recebia etc.

Agora, imagine nesse caso que esse trabalhador já tem uma idade avançada e sofre algum acidente e se torna incapaz para o trabalho que desenvolvia. Não será justo que o Estado o desampare, primeiro porque está em situação de desemprego alheia a sua vontade, segundo porque a incapacidade o impedirá de trabalhar.

É neste momento que se insere o período de graça e suas possíveis extensões, visando, exatamente, o proteger deste infortúnio, passando a previdência social a lhe assegurar o benefício necessário por tempo suficiente para voltar a sua labuta de retorno ao mercado de trabalho.

No mais, assim como há possibilidade de aproveitamento da extensão do período de graça, é certo dizer que há casos em que não se aplica essa benesse. Nesse cenário há o exemplo de uma cliente que foi demitida sem justa causa em 10/09/2018 e devido a problemas pessoais decidiu que não queria trabalhar, queria apreciar a vida e viajar. Ela, em 21/12/2019, sofreu um acidente.

No caso citado não foi possível o recebimento de benefício de auxílio-acidente, vez que sua qualidade de segurada se findou em 16/11/2019 e ela estava na situação de desemprego porque realmente desejava, ou seja, não era involuntário. Ainda, ela não havia vertido mais de 120 contribuições para se cogitar a extensão do período de graça por outro fundamento.

Desta forma, além da questão legal, o *case* aqui tratado e os exemplos mencionados validam o posicionamento de que o previdenciarista, por meio de sua análise técnica, é um instrumento de justiça para quem lhe procura, garantindo, de fato, os direitos sociais e a dignidade humana do segurado ou dependente deste no momento de um infortúnio.

Considerações Finais

Por fim, digo que minha intenção não foi trazer em excesso as normas que regem este tema, a fim de não me tornar enfadonha. Acredito que consegui demonstrar a importância de traçar uma linha entre as contribuições e a situação de fato do segurado ou instituidor, para análise da qualidade de segurado.

Isso porque não podemos nos conformar com indeferimentos injustos e errôneos, com a justificativa de perda da qualidade de segurado, tendo em vista que em muitos casos o segurado ou o instituidor ainda se encontra ou se encontrava no período de graça.

A função do previdenciarista é exatamente demonstrar e efetivar este direito e garantir ao seu cliente o benefício que este acreditava não mais ser possível a concessão, como no *case* citado aqui.

Se a sua escolha é o direito previdenciário e deseja se aprofundar no tema aqui tratado, não deixe de estudar o Decreto 3.048/99, a Lei nº 8.213/91, a Lei nº 8.212/91, a Instrução Normativa 128/2022 do INSS e os temas dos tribunais informados neste texto. Ainda, uma doutrina é importante fonte para entender o assunto.

Ademais, preciso dizer que o seu trabalho é extremante relevante, que a sua atuação profissional não é apenas profissão, é um chamado, é uma dádiva.

O Direito Previdenciário é extremamente social, o seu contato direto com o ser humano, com a fragilidade do segurado, com os problemas sociais que assolam uma família, faz com que o trabalho seja indispensável e impactante.

Não permita que um obstáculo o impeça de continuar. Se a sua escolha foi o Direito Previdenciário, se sinta abraçada e abraçado, faça o seu trabalho, estude muito, o que não entender, pesquise, se continuar sem entender, pergunte. Com o seu esforço tenho certeza de que muitas famílias serão beneficiadas e que muitos direitos sociais serão garantidos.

Concluo, para que você entenda a finalidade do tema aqui tratado, trazendo uma frase escrita por Michael J. Sandel, em seu livro "Justiça – o que é fazer a coisa certa", que diz: "Se uma sociedade justa requer um forte sentimento de comunidade, ela precisa encontrar uma forma de incutir nos cidadãos uma preocupação com o todo, uma dedicação ao bem comum"[1]. Trabalhe para que o bem comum seja alcançado através da sua ocupação!

---

[1] SANDEL, Michael J. O que é fazer a coisa certa (tradução Heloisa Matias e Maria Alice Máximo). 9ª ed. Ed. Civilização Brasileira. Rio de Janeiro, 2012, p. 325.

Previdenciarista, o caminho da dignidade passa por você!

Renata Íris Dima

INSTAGRAM

Analista do INSS com formação em Serviço Social, mentora, escritora, palestrante, especialista em Direito Previdenciário, pós-graduada em Atendimento a Crianças e Adolescentes Vítimas de Violência Doméstica. Docente de cursos preparatórios para concurso e capacitações profissionais nas modalidades presencial e virtual. Autora do *Guia Humanizado e Descomplicado da Previdência Social*. Criadora do Método PHD (Previdência Humanizada e Descomplicada). Coautora dos livros "Contribuições à Atualização Profissional de Assistentes Sociais" e "Sou Assistente Social e essa vaga é minha!".

1. O Caminho

Eu já estava na metade da faculdade quando ouvi falar dele pela primeira vez: o fantástico e inigualável tripé da Seguridade Social, composto pelas políticas de Saúde, Previdência e Assistência Social. Fiquei fascinada com a perspectiva de **proteção integral** do indivíduo a ser garantida pelo Estado, o que antes da Constituição Federal de 1988 era basicamente atribuição da família, de ações de caridade e/ou assistencialismo.

A Saúde, prevista no artigo 196, política universal, direito de todos e dever do Estado; a Assistência Social, garantida no artigo 203, prestada a quem dela necessitar; e ela, a maior política de redistribuição de renda do país, reconhecida mundialmente, direito social previsto nos artigos 6º e 201 da Constituição Cidadã: a nossa Previdência Social!

Para uma estudante de Serviço Social que almejava uma sociedade livre, justa e solidária, atuar em uma política pública que é norteada pelos valores de justiça social e de solidariedade entre pessoas e gerações tornou-se uma meta profissional.

2. A dignidade

Para quem atua na luta pela garantia de benefícios previdenciários não basta ser especialista em Previdência, é preciso saber o mínimo sobre a Saúde e a Assistência também, ou seja, precisa ter clareza de todo o funcionamento do Tripé da Seguridade Social.

A pessoa que atendemos não é simplesmente uma usuária de determinada política. É um ser humano com múltiplas dimensões, impossíveis de serem alcançadas por um atendimento pontual.

O Benefício de Prestação Continuada (BPC), por exemplo, apesar de ser operacionalizado pelo INSS, que é uma autarquia responsável por administrar a política de Previdência Social no nosso país, é um benefício da Assistência Social, previsto na Lei Orgânica da Assistência Social (Loas) nº 8.742/93, em seu artigo 20:

> *"O benefício de prestação continuada é a garantia de um salário-mínimo mensal à pessoa com deficiência e ao idoso com 65 (sessenta e cinco) anos ou mais que comprovem não possuir meios de prover a própria manutenção nem de tê-la provida por sua família."*

Se você se limitar a estudar apenas as leis e decretos relacionados à Previdência, como vai saber qual a definição de pessoa com deficiência[1], qual o conceito de incapacidade e vulnerabilidade[2] para fins de BPC?

O mesmo se aplica no caso de profissionais que querem atuar apenas em demandas de BPC. Não há problema em querer focar o seu atendimento em apenas uma área, o que você não pode é **limitar o seu conhecimento** a ela.

---

[1] De acordo com a Lei nº 8.742/93, § 2º, "para efeito de concessão do benefício de prestação continuada, considera-se pessoa com deficiência aquela que tem impedimento de longo prazo de natureza física, mental, intelectual ou sensorial, o qual, em interação com uma ou mais barreiras, pode obstruir sua participação plena e efetiva na sociedade em igualdade de condições com as demais pessoas".

[2] Observados os demais critérios de elegibilidade definidos em lei, terão direito ao BPC a pessoa com deficiência ou a pessoa idosa com renda familiar mensal per capita igual ou inferior a 1/4 (um quarto) do salário-mínimo (Lei n° 14.176/2021).

Imagine que uma cliente peça uma orientação a você sobre a possibilidade de contribuir para a Previdência enquanto recebe o BPC, pois ouviu dizer que é possível transformar o BPC em aposentadoria. Recebeu a informação de que, como é dona de casa, pode contribuir como facultativa baixa renda [3] (código 1929, 5% do salário-mínimo).

Se você não sabe o mínimo sobre as regras previdenciárias, como saberia orientar que a pessoa beneficiária do BPC pode e **deve** contribuir como facultativa[4], mas no Código 1473, no valor de 11% do salário-mínimo?

Quem paga no Código 1929 não pode possuir **nenhum tipo de renda própria**, portanto, quem recebe o BPC não pode pagar nessa categoria.

Se o/a profissional não tiver noções de Previdência, vai desconhecer conceitos importantes como qualidade de segurado, carência e tempo de contribuição e ficará difícil explicar porque uma pessoa que recebe o BPC, se não contribuir, não tem direito a aposentadoria nem deixa pensão por morte.

2.1. A opção pelo benefício mais vantajoso

Enxergar a pessoa que você está atendendo em sua totalidade significa muitas vezes ir além da demanda que inicialmente ela apresentou para você. A especialista é você, a parte dela, que é ir em busca de seu direito, ela já fez quando procurou o seu atendimento. Caberá a você a escuta qualificada e o interesse real na vida de quem está confiando em você. Por essa perspectiva, é possível garantir a efetividade de um dos princípios mais

---

[3] É uma forma de contribuição com valor reduzido de 5% do salário-mínimo, exclusiva para quem se dedica apenas ao trabalho doméstico no âmbito de sua própria residência, não tenha renda própria, possua renda familiar de até dois salários-mínimos e tenha inscrição no Cadastro Único para Programas Sociais (CadÚnico).

[4] Nos termos do art. 29 da Portaria Conjunta n. 3, de 21 de setembro de 2018: "a contribuição do beneficiário como segurado facultativo da Previdência Social não acarretará a suspensão do pagamento do BPC".

importantes do Direito Previdenciário, que é o direito ao melhor benefício[5]. Na maioria das vezes, seu/sua cliente não sabe o que é melhor para o caso dele/dela, então você precisa ir além da demanda imediata.

3. Para além do requerimento: como uma orientação pode mudar uma vida

3.1. A história da senhora Beatriz

Com 57 anos de idade, Beatriz é uma pessoa com deficiência congênita[6], que conseguiu se inserir formalmente no mercado de trabalho, ou seja, trabalhou e contribuiu na condição de pessoa com deficiência. Possui mais de 15 anos de contribuição, mas, em vez de requerer sua aposentadoria, compareceu até a agência para realizar uma avaliação social. Por ser uma pessoa com deficiência, foi orientada a dar entrada em um benefício assistencial (BPC/Loas). O profissional que a orientou desconsiderou toda a sua história, sua vida laborativa e o direito a ter um benefício irreversível, que seria a aposentadoria da pessoa com deficiência, diferente do BPC, que passa por revisões periódicas.

---

[5] De acordo com o art. 176-E do Decreto n. 3.048/1999, incluído pelo Decreto n. 10.410/2020: caberá ao INSS conceder o benefício mais vantajoso ao requerente ou benefício diverso do requerido, desde que os elementos constantes do processo administrativo assegurem o reconhecimento desse direito.

[6] A Deficiência Congênita é aquela que existe no indivíduo ao nascer e, mais comumente, antes de nascer, isto é, durante a fase intrauterina. Já a Deficiência Adquirida, é aquela que ocorre depois do nascimento, em virtude de infecções, traumatismos, intoxicações. (Disponível em: https://www.unesc.net/portal/capa/index/495/8356#:~:text=A%20Defici%C3%AAncia%20Cong%C3%AAnita%20%C3%A9%20aquela,intoxica%C3%A7%C3%B5es%20(BRASIL%2C%202006).)

4. Benefício de Prestação Continuada ou Aposentadoria da Pessoa com Deficiência: qual a diferença?

A Aposentadoria da Pessoa com Deficiência[7] ainda é bastante desconhecida pelos profissionais de modo geral. O senso comum, muitas vezes, nos leva a internalizar que o BPC é o destino de toda pessoa com deficiência. Entretanto, para aquelas pessoas com deficiência que conseguiram trabalhar e contribuir, superando desafios como as péssimas condições da infraestrutura urbana, o preconceito, a falta de adaptação do ambiente de trabalho e a dificuldade de comunicação, a Lei Complementar 142 de 8 de maio de 2013, estabelece regras diferenciadas de acesso para a Aposentadoria por Idade e por Tempo de Contribuição.

A Aposentadoria por Idade da Pessoa com Deficiência exige do homem 60 anos de idade e da mulher 55 anos de idade e, para ambos, 15 anos de tempo de contribuição com comprovação da existência de deficiência durante esse período. Nessa modalidade de aposentadoria, independentemente do grau de deficiência, a pessoa com deficiência pode se aposentar com cinco anos a menos na idade.

Já a Aposentadoria por Tempo de Contribuição da Pessoa com Deficiência é devida nas seguintes condições:

I – aos 25 anos de tempo de contribuição, se homem, e 20 anos, se mulher, no caso de segurado (a) com **deficiência grave** *(redução de 10 anos no tempo de contribuição)*;

II – aos 29 anos de tempo de contribuição, se homem, e 24 anos, se mulher, no caso de segurado (a) com **deficiência moderada** *(redução de 6 anos no tempo de contribuição)*;

---

[7] Importante não confundir a Aposentadoria da Pessoa com Deficiência com a Aposentadoria por Invalidez. A primeira é concedida para pessoas com impedimentos de longo prazo que conseguiram trabalhar nessa condição; a segunda é concedida para pessoas que ficaram totalmente incapacitadas para o trabalho.

III – aos 33 anos de tempo de contribuição, se homem, e 28 anos, se mulher, no caso de segurado (a) com **deficiência leve** *(redução de 2 anos no tempo de contribuição.*

No processo de concessão da Aposentadoria da Pessoa com Deficiência, compete à perícia própria do INSS, por meio de avaliação médica (realizada pela perícia médica do INSS) e funcional (realizada pelo Serviço Social do INSS), avaliar o (a) segurado (a) e fixar a data provável do início da deficiência e o respectivo grau, assim como identificar a ocorrência de variação no grau de deficiência e indicar os respectivos períodos em cada grau. Para tanto, a avaliação funcional deve ser realizada com base no conceito de funcionalidade disposto na Classificação Internacional de Funcionalidade, Incapacidade e Saúde – CIF, da Organização Mundial de Saúde, e mediante a aplicação do Índice de Funcionalidade Brasileiro Aplicado para Fins de Aposentadoria – IFBrA[8].

4.1. Como apliquei a legislação ao caso da requerente

É muito comum durante a avaliação social para fins de BPC eu perceber, ao analisar o CNIS[9], que o/a requerente tem direito a algum benefício previdenciário, como o Auxílio por Incapacidade Temporária ou até mesmo a alguma aposentadoria, como aconteceu com a senhora Beatriz. Então, o primeiro passo para dar uma orientação com segurança nesse caso foi avaliar o CNIS da requerente. Observe a seguir:

---

[8] Vide Portaria Interministerial SDH/MPS/MF/MOG/AGU Nº 1, de 27 de janeiro de 2014 – DOU de 30/01/2014 e Lei Complementar nº 142/13.
[9] O Cadastro Nacional de Informações Sociais é um extrato que informa todos os vínculos, remunerações e contribuições previdenciárias. É o documento mais importante para a solicitação de qualquer requerimento no INSS.

Data de inicio	Data Fim	Matrícula do Trabalhador	Ult. Remun.	Tipo de vículo		
01/09/1993	01/03/1995		12/1994	Empregado	📄	$
01/09/1993	24/03/1995			Empregado	📄	
01/04/2002			06/2002	Empregado	📄	$
06/04/2009	31/08/2008		08/2008	Empregado	📄	$
01/11/2009	31/12/2012			Contr. Individual	📄	$
01/11/2029	02/10/2019	ED001		Doméstico	📄	$
20/11/2012	12/03/2013			Benefício	📄	
01/03/2013	30/09/2015			Contr. Individual	📄	$

Como vimos, se ela comprovar que trabalhou por pelo menos 15 anos com qualquer grau de deficiência, é possível se aposentar na condição de pessoa com deficiência com 55 anos de idade, no caso da mulher. Além disso, mesmo se não fosse pessoa com deficiência, poderia se aposentar sem a redução na idade, aos 62 anos, porque já tem a carência necessária.

Feita a análise, foi preciso explicar para ela a diferença entre o benefício que requereu e a aposentadoria, e porque essa última seria mais vantajosa.[10]

Com a sua autorização, anexei no processo um requerimento solicitando que fosse observado o direito ao melhor benefício, conforme o art. 176-E do Decreto nº 3.048/1999

---

[10] A maioria dos requerentes não sabe a diferença entre um benefício assistencial (BPC) e um previdenciário, como uma aposentadoria. É preciso esclarecer que a aposentadoria da pessoa com deficiência, assim como as outras aposentadorias, além de ser um benefício mais seguro do que o BPC, paga 13º salário, gera direito à pensão por morte e possibilita que a pessoa volte ao mercado de trabalho, se assim desejar.

e fosse preservada a Data da Entrada do Requerimento (DER) para fins de pagamento.

Entretanto, por se tratar de outra espécie de benefício, foi necessário realizar novo requerimento e novamente foi agendada a avaliação social e a perícia médica, mas, dessa vez, para fins de aposentadoria por idade da pessoa com deficiência.

Atualmente a senhora Beatriz está aposentada, fazendo parte do pequeno número de pessoas com deficiência que conseguem acessar algum benefício previdenciário.[11]

4.2. O impacto social

O INSS é o órgão mais processado na Justiça Federal, segundo dados divulgados pelo Supremo Tribunal Federal em 2019. O acúmulo de recursos em ações previdenciárias é o maior responsável pelo congestionamento de processos na Justiça Federal: 40% da demanda nos cinco Tribunais Regionais Federais correspondem a litígios em que o INSS é parte.[12]

Como consequências negativas da judicialização, podemos citar a possibilidade de julgamentos equivocados, que acarretam prejuízo aos cofres públicos, pois, se tratando de natureza alimentar, não há ressarcimento. Além disso, há impacto no fluxo do INSS, já que nessas situações as concessões ocorrem de forma diferente daquela definida para a execução administrativa da política de Previdência.

Entretanto, 51% das ações são julgadas procedentes em primeiro grau, o que indica que a judicialização se justifica.[13]

---

[11] De acordo com a pesquisa "Pessoas com Deficiência e as Desigualdades Sociais no Brasil", realizada em 2019 pelo IBGE, o índice de pessoas com deficiência no mercado de trabalho é de apenas 28,3%.
[12] BRASIL. Conselho Nacional de Justiça. Justiça em números..., p. 158.
[13] Disponível em https://www.trf4.jus.br/trf4/controlador.php?acao=pagina_visualizar&id_pagina=2174#_ftnref4

Diversas são as causas para o excesso de judicialização, dentre elas, a falta de acesso do cidadão a informações relacionadas à concessão de benefícios, demora nas análises, conclusões imotivadas, informações equivocadas[14].

Todos esses fatores se aplicam ao caso da senhora Beatriz, que também buscaria o processo judicial, não fosse a minha intervenção ter possibilitado a concessão administrativa.

5. Você como caminho para a dignidade

Entenda a importância da sua intervenção profissional na vida das pessoas que passam por você. De nada adianta o (a) segurado (a) ter direito ao melhor benefício e não usufruir por desconhecimento ou uma orientação equivocada.

Atualmente a palavra "nicho" está na moda e é muito utilizada para justificar orientações superficiais. De fato, dominar tudo que diz respeito ao Direito Previdenciário e ao INSS não é uma tarefa simples, mas um (a) profissional comprometido (a), que tenha como especialidade o BPC/Loas, por exemplo, tem a obrigação de saber nem que seja o mínimo sobre a legislação previdenciária como um todo. Então, meu conselho é: se aprofunde no seu "nicho", mas seja especialista em mudar vidas através da sua orientação. Isso fará sua carreira ir para outro nível.

No início da minha vida profissional atuei na área da saúde enquanto aguardava minha convocação no concurso do INSS que realizei em 2009, mesmo ano em que me formei. A posse ocorreu em 2013: em 2023 a Previdência completa 100 anos e eu completo dez anos de Previdência. Sinto muito orgulho de ter ajudado a construir pelo menos 1% de uma das políticas que integram o maior patrimônio social do Brasil: a Seguridade Social. Ao longo do tempo me especializei em Direito Previdenciário, produzi diversas publicações sobre o tema, até desenvolver

---

[14] Nota técnica nº 9 do IPEA (2018).

o meu primeiro livro, o "Guia Humanizado e Descomplicado da Previdência Social". Quando eu levei a Previdência para a minha outra grande paixão, que é a sala de aula, eu finalmente encontrei meu propósito: compartilhar e multiplicar o meu conhecimento para que através de outros (as) profissionais mais pessoas possam acessar seus direitos e terem suas vidas transformadas.

Para ser Previdenciarista não é exigido um diploma ou uma formação específica. As atividades de consultoria previdenciária, requerimento de benefícios no âmbito administrativo e demais atos relacionados, desde que não pleiteados perante o Judiciário, podem ser praticados por não advogados (as). Entretanto, isso não significa que qualquer pessoa pode atuar na área.

Portanto, seja você advogado (a), assistente social ou profissional autônomo (a), para atuar na Previdência os requisitos são:

1- Estudar sempre;

2- Ter interesse real na vida do outro;

3- Entender que o lucro não está acima da vida;

4- Ter sempre em mente que são pessoas, são histórias de vida, são dores reais, e não apenas requerimentos;

5- Honrar a missão de transformar vidas através da sua orientação.

Mais do que um negócio, ser o caminho para a dignidade de centenas de pessoas é um propósito de vida.

O planejamento previdenciário para professores

Tatiane Soares Mataran

INSTAGRAM

Advogada, atuante na área de Direito Previdenciário. Bacharel em Direito pela instituição de ensino UNIC, de Primavera do Leste/MT. Pós-graduada em Direito Civil Contemporâneo pela Universidade Federal de Mato Grosso. Atualmente cursando MBA em Planejamento Previdenciário pelo Instituto Connect de Direito Social. Atuou pelo período de cinco anos na área cível e Direito de família em um renomado escritório de advocacia no município de Primavera do Leste/MT. E no ano de 2021 resolveu ingressar em uma nova missão e abriu seu escritório, Tatiane Mataran Advocacia, durante a jornada teve um maior contato com o Direito Previdenciário, com o qual se identificou e buscou aprimorar seus conhecimentos.

A importância do planejamento previdenciário

Trabalhar com Direito Previdenciário me permite como profissional da área desenvolver o melhor trabalho para o cidadão que laborou durante sua vida para garantir que quando chegar o momento de se aposentar ou se for necessária a solicitação de algum auxílio, este receberá o melhor benefício.

Os professores possuem direito a uma aposentadoria "especial", ou seja, possuem direito a redução de algumas regras/requisitos. Esses benefícios da aposentadoria dos professores são válidos para os professores de ensino da rede infantil, fundamental e médio das redes públicas ou privadas.

O planejamento previdenciário para professores permite que seja analisado o melhor benefício para eles, analisadas as melhores estratégias e não só o salário ideal, mas também o regime ideal para aposentadoria e o momento ideal.

Em especial aos professores que são servidores públicos, com a Emenda Constitucional nº 41, de 2003, houve significativas alterações no sistema previdenciário, vez que esta extinguiu da aposentadoria o direito a integralidade e paridade aos servidores que ingressaram na carreira pública após 31/12/2003.

Portanto, a análise previdenciária e o planejamento da

aposentadoria são de suma importância para os profissionais que irão se aposentar, permitindo que eles identifiquem e escolham a opção que melhor se adeque a estes.

O sucesso do planejamento previdenciário

Atualmente atendo no escritório muitos profissionais que são servidores públicos, apresentam um vasto currículo, exercendo atividades regidas pelo sistema geral da previdência social ou pelo regime próprio.

Para a aposentadoria de professores, conseguimos identificar dois fatores principais a serem observados: os professores podem desenvolver as atividades laborais pelo regime geral da CLT (Consolidação das Leis do Trabalho), sendo as contribuições e recolhimentos previdenciários realizados por meio do RGPS – Regime Geral da Previdência Social, mas também esses profissionais podem ser servidores públicos, com contribuições realizadas por meio do sistema de RPPS – Regime Próprio da Previdência Social, ou até mesmo cumularem as duas contribuições.

O sucesso do bom planejamento previdenciário consiste na profunda análise de toda a vida contribuitiva do professor, por meio de análise da Carteira de Trabalho (CTPS), Contratos de Trabalho, Extrato de Contribuições Previdenciárias – Cadastro Nacional de Informações Sociais (CNIS), permitindo a constatação do que está regular, das pendências, meios de solucioná-las e qual a melhor regra para aposentadoria.

Ainda, por meio do planejamento previdenciário, poderá ser analisada uma previdência complementar, para que o professor que pretende se aposentar não conte somente com uma fonte de renda, mas possa ter outros meios para complementação de sua renda, ou até mesmo sua renda principal.

A estratégia do planejamento previdenciário

Com o desenvolvimento dos planejamentos é possível identificar que muitas vezes os aposentados ou servidores perdem a chance de conseguir um melhor benefício por ausência de conhecimento dos seus direitos.

O mundo previdenciário é repleto de alterações e atualizações em suas leis, possuindo requisitos básicos para a aposentadoria conforme a categoria em que o profissional se enquadra e o recolhimento de suas contribuições previdenciárias.

Assim, para realização do planejamento previdenciário do professor, o advogado deve analisar se o professor possui documentos suficientes e necessários para comprovar que todo o período de contribuição exigido foi trabalhado exclusivamente em atividade relacionada ao magistério, independentemente de contribuições anteriores.

Considerando a Regra do Regime Próprio da Previdência em um dos municípios em que atuo, trabalhamos em um caso em que a professora (servidora pública) ao longo de sua vida profissional laborou tanto em escolas particulares quanto em escolas públicas sob o Regime Geral de Previdência (RGPS) e o Regime Próprio da Previdência (RPPS).

Ocorre que mesmo esta profissional preenchendo todos os requisitos para aposentadoria, como idade (50 anos), tempo de contribuição - professor (25 anos), tempo de serviço público (dez anos) e tempo de efetivo (cinco anos), tendo em vista a Emenda Constitucional 41, de 2003, para ela não era viável a imediata aposentadoria, visto que a posse em seu concurso público foi em data posterior a dezembro de 2003, sendo utilizada como parâmetro a média das contribuições previdenciárias, resultando em uma renda mensal inicial em valor efetivamente baixo.

Dessa forma, após profunda análise, foi identificado que mesmo preenchendo os requisitos para aposentadoria, se ela continuasse no trabalho por mais dois anos, teria direito a um benefício com uma renda maior, em aproximadamente R$ 700,00 (setecentos reais) e, considerando a sua expectativa de vida, a longo prazo é um valor significativo para ela.

Ademais, no tocante ao Regime Geral da Previdência (RGPS), tivemos a Emenda Constitucional 103, de 2019, à Reforma da Previdência, com alterações importantes nas modalidades de aposentadoria, assim, passou-se a aplicar as Regras de Transição, na qual o segurado que estava próximo de adquirir o direito à aposentadoria dos professores antes da reforma, ou seja, até 12/11/2019, não será prejudicado com as novas regras.

Deste modo, ao realizar o planejamento previdenciário, deverão ser analisadas as seguintes regras de transição, para confirmação se o professor se enquadra em alguma dessas regras, como: aposentadoria por pontos; aposentadoria com a regra do Pedágio 100%; e regra da idade progressiva.

As alterações previdenciárias repercutem consideravelmente na aposentadoria, principalmente as constantes atualizações e novas normativas publicadas, assim, vez que possuímos diversas hipóteses de aposentadoria, cada uma possui uma base de cálculo que irá influenciar no valor da RMI – Remuneração Inicial, ou salário do aposentado.

Muitas vezes, o professor tem em mente que suas contribuições estão adequadas, não possui nenhuma divergência ou pendência, estabelecendo inclusive o período em que irá se aposentar, se por tempo de contribuição ou idade.

Ocorre que quando este momento chega e o professor vai ingressar com o pedido de aposentadoria é surpreendido por determinações de complementações e medidas que precisam ser tomadas, sem que tenha real noção do ato que está sendo solicitado, podendo em algumas situações até mesmo abrir mão de algum direito que lhe era assegurado, por falta de conhecimento técnico.

Pode ocorrer também de escolher uma modalidade de aposentadoria que não é a mais benéfica, talvez a curto prazo, no momento, aparentemente seja a melhor opção, mas se ao fundo forem analisadas todas as circunstâncias, será compreendido que a longo prazo outra modalidade de aposentadoria seria a mais vantajosa.

Podemos observar que na aposentadoria do professor, embora na mesma categoria, cada realidade profissional é única, pois muitos professores, até mesmo pela desvalorização do salário, procuram desenvolver o trabalho em diversas instituições de ensino, realizando os trabalhos em contraturnos, laborando muitas vezes no período matutino e vespertino, outrora até uma terceira jornada de trabalho, com aulas no período noturno.

Outros, desenvolvem suas atividades no início da carreira com jornadas excedentes de três turnos de trabalho, e com o passar dos anos e cansaço do corpo acabam reduzindo o ritmo de atividade, e no momento da aposentadoria não se atêm à contagem correta e utilização das contribuições, bem como as averbações para cálculo do valor do benefício.

Portanto, a análise antecipada do preenchimento dos requisitos da aposentadoria são fundamentais para melhor aplicação do direito, garantindo o melhor benefício e a correção das pendências antes de solicitar o benefício da aposentadoria, reduzindo significativamente o tempo de espera para concessão do benefício.

Trago como exemplo um planejamento previdenciário realizado no ano de 2022, em que, após minuciosa análise do Extrato CNIS – Cadastro Nacional de Informações Sociais, foram constatadas diversas irregularidades que precisam ser sanadas, com o intuito de não atrasar a aposentadoria da cliente:

"A fim de sanar as pendências detectadas no CNIS, pode ser solicitado ao INSS a retificação do CNIS, para regularização dos dados faltantes como: data fim do vínculo de emprego, inclusão de períodos faltantes e retificação das remunerações, sendo apresentados os documentos abaixo, além da CTPS, para comprovação dos vínculos e recolhimentos: (...)"

Ainda, foram identificadas diversas hipóteses de aposentadoria, identificando entre elas a melhor, considerando o valor da remuneração e o tempo de contribuição como professor, após Emenda Constitucional nº 41/03, art. 40, pelo RPPS:

RPPS – aposentadoria por tempo de contribuição professora (após EC 2003)		
	Requisitos necessários	Resultado da contribuinte
Idade	50	51
Tempo de contribuição na DIBE	25	25 Anos 10 meses
Tempo de serviço público	10	18 Anos 5 meses
Tempo de efetivo	5	7
Data prevista aposentadoria		24/05/2023
Valor aproximado RMI		R$ 3.368,49

RPPS – aposentadoria por tempo de contribuição professora (após EC 2003)		
	Requisitos necessários	Resultado da contribuinte
Idade	50	54
Tempo de contribuição na DIBE	25	27 Anos 10 meses
Tempo de serviço público	10	20 Anos 5 meses
Tempo de efetivo	5	10
Data prevista aposentadoria		30/12/2025
Valor aproximado RMI		R$ 3.822,32

RPPS – aposentadoria por tempo de contribuição professora (após EC 2003)		
	Requisitos necessários	Resultado da contribuinte
Idade	50	60
Tempo de contribuição na DIBE	25	33 Anos
Tempo de serviço público	10	26 Anos
Tempo de efetivo	5	15
Data prevista aposentadoria		01/01/2031
Valor aproximado RMI		R$ 4.506,81

Portanto, por meio do planejamento previdenciário foi possível identificar o melhor período para aposentadoria da servidora considerando a remuneração, na data de 01/01/2031, todavia, considerando de forma geral os objetivos e necessidades da cliente de forma particular, a melhor data que se enquadrou para ela foi a aposentadoria na data de 30/12/2025.

Ainda, foi possível a identificação das pendências, como documentos faltantes, permitindo a regularização destes antecipadamente, logo, no momento ideal da aposentadoria não teremos pendências a serem sanadas.

A melhor escolha

Portanto, por meio do planejamento previdenciário para o professor, este pode compreender quando é o melhor momento para solicitar sua aposentadoria e também consegue identificar o valor aproximado do seu benefício, permitindo até mesmo a análise de uma previdência complementar, para melhorar sua renda.

Outra característica importante do planejamento é a redução do tempo de tramitação dos processos de requerimento de aposentadoria, pois muitas vezes as pendências de documentos nos levam a uma longa fila de espera para análise e providência dos documentos necessários.

Um exemplo que temos em relação ao tempo aguardando documentos é em relação ao servidor público que precisa solicitar a CTC (Certidão de Tempo de Contribuição) junto ao INSS. Referido documento permite ao servidor público levar o tempo que contribuiu no INSS para averbar/contar no Regime Próprio de Previdência Social do órgão onde trabalha atualmente. No entanto, tendo em vista a grande demanda do sistema, enfrentamos uma certa demora até a conclusão do procedimento.

Portanto, para realização do planejamento previdenciário do professor, o advogado deve analisar todos os requisitos para aposentadoria do professor, identificar a idade do professor, o tempo de serviço, o regime de contribuição, possibilitando assim o melhor enquadramento da aposentadoria. Nesta análise, o profissional deve observar qual o benefício mais vantajoso, considerando o momento ideal para aposentadoria e o valor da RMI – Renda Mensal Inicial.

Ainda, cumpre ao profissional orientar o cliente acerca da regularização dos documentos pendentes, das possibilidades de regularização e as vantagens obtidas com essas estratégias, que resultarão em uma vantagem significativa quanto ao tempo de tramitação do requerimento de aposentadoria.

No mais, a atuação do advogado em Direito Previdenciário está culturalmente ligada ao êxito da demanda, sendo os honorários advocatícios vinculados ao êxito, ou seja, ao final do processo, com resultado útil ao cliente. Deste modo, a realização do planejamento previdenciário permite ao advogado, além de contribuir significativamente com seu cliente na celeridade e escolha do melhor benefício, consegue efetuar uma atuação efetiva e precificar o trabalho realizado de forma antecipada, obtendo um resultado satisfativo tanto para o cliente, como para o profissional atuante.

Por fim, oriento os professores para que busquem um profissional capacitado para realização do planejamento previdenciário para a concretização dos seus direitos à previdência e assistência, identificando assim a forma mais vantajosa de sua aposentadoria.

Da mesma forma, oriento o advogado, profissional atuante na área de Direito Previdenciário, que busque sempre se manter atualizado quanto às alterações em nossa legislação previdenciária, bem como, indicar aos seus clientes a realização do planejamento previdenciário do professor, o qual levará a um resultado satisfativo ao cliente, permitindo a ele visualizar sua aposentadoria da melhor forma possível, ciente e amparado de todas as medidas necessárias para melhor êxito.

Alcançando o sucesso

Trabalhar com planejamento previdenciário para professores permite trazer celeridade no processo de aposentadoria, deste que laborou por longos anos e encontra-se no momento de descansar.

Apresentar a melhor opção de aposentadoria acolhe e valoriza o seu cliente. Por fim, a entrega de um bom trabalho resulta na satisfação do cliente, que consequentemente o aprimora como um bom profissional, resultando em uma satisfação pessoal e de sucesso profissional.

O poder de uma MENTORIA

uma aula na prática

Andréia Roma

Quem sou eu?

Sou a menina de oito anos que não tinha dinheiro para comprar livros.

Existe um grande processo de ensinamento em nossas vidas.
Alguém que não tinha condições financeiras de comprar livros,
para alguém que publica livros e realiza sonhos.

Sou a mulher que encontrou seu poder e entendeu que podia auxiliar mais pessoas a se descobrirem.

E você, quem é?
Qual o seu poder?

Entendi que com meu superpoder posso transformar meu tempo.

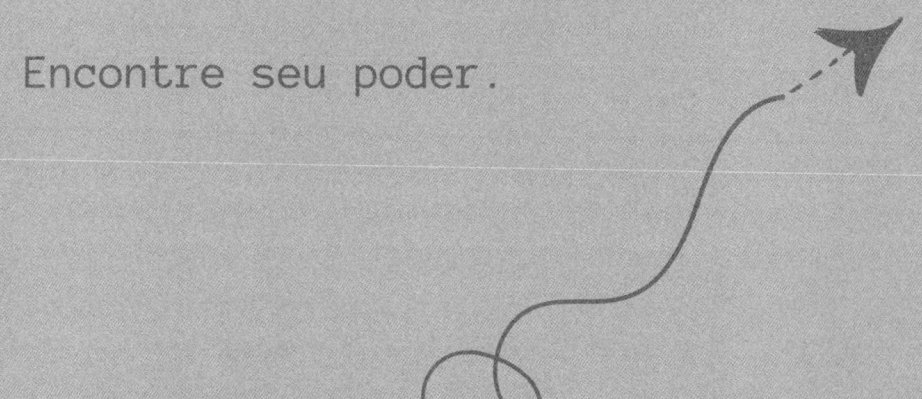

Encontre seu poder.

"Este é um convite para você deixar sua marca. Um livro muda tudo!"

Andréia Roma

Direitos autorais:
respeito e ética em relação a ideias criadas

CERTIFICADO DE REGISTRO DE DIREITO AUTORAL

A Câmara Brasileira do Livro certifica que a obra intelectual descrita abaixo, encontra-se registrada nos termos e normas legais da Lei nº 9.610/1998 dos Direitos Autorais do Brasil. Conforme determinação legal, a obra aqui registrada não pode ser plagiada, utilizada, reproduzida ou divulgada sem a autorização de seu(s) autor(es).

Responsável pela Solicitação:
Editora Leader

Participante(s):
Maria Luiza Borges (Coordenador) | Andréia Roma (Coordenador)

Título:
Mulheres no direito previdenciário : casos na prática : edição poder de uma mentoria

Data do Registro:
24/04/2024 10:10:50

Hash da transação:
0x5e3c80c1ef701bcdeff5c6499f4a9047986ed1ff2ae89940b713e2b581837f91

Hash do documento:
81ba4304927bae8505d9d52746701f729d249c7e39016a7f470afc1672ab89df

Compartilhe nas redes sociais

Os livros coletivos nesta
linha de histórias e
mentorias são um conceito
criado pela Editora Leader,
com propriedade intelectual
registrada e publicada,
desta forma, é proibida
a reprodução e cópia
para criação de outros
livros, a qualquer título,
lembrando que o nome do
livro é simplesmente um dos
requisitos que representam
o projeto como um todo,
sendo este garantido como
propriedade intelectual nos
moldes da LEI
Nº 9.279, DE 14 DE MAIO DE
1996.

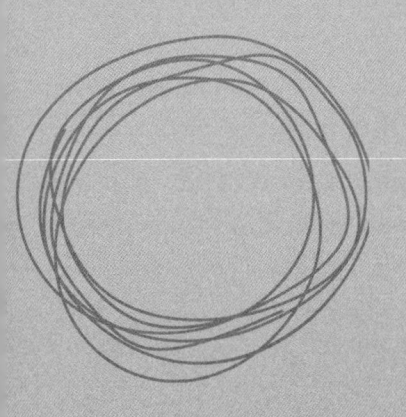

Exclusividade:

A Editora Leader tem como
viés a exclusividade de
livros publicados com volumes
em todas as temáticas
apresentadas, trabalhamos a
área dentro de cada setor
e segmento com roteiros
personalizados para cada
especificidade apresentada.

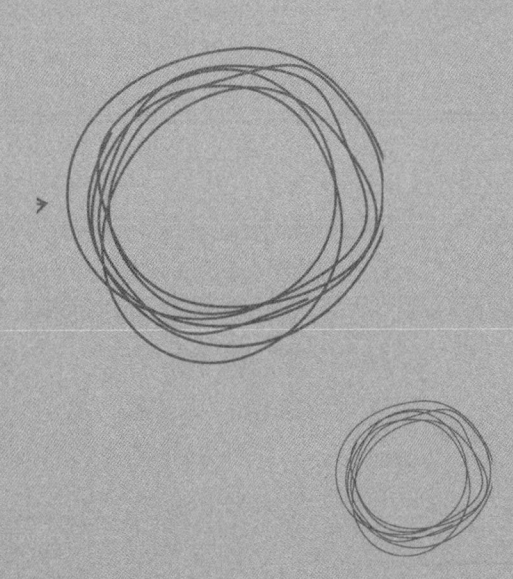

"Livros não mudam o mundo, quem muda o mundo são as pessoas. Os livros só mudam as pessoas."

Mário Quintana

"Somos o resultado dos livros que lemos, das viagens que fazemos e das pessoas que amamos".

Airton Ortiz

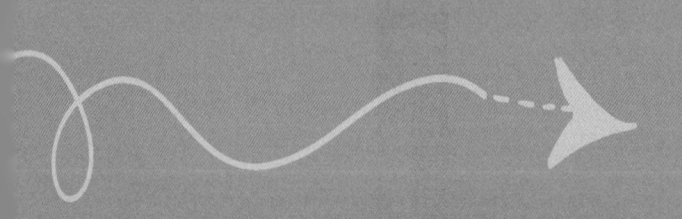

Olá, sou **Andréia Roma**, CEO da Editora Leader e Influenciadora Editorial.

Vamos transformar seus talentos e habilidades em uma aula prática.

Benefícios do apoio ao Selo Série Mulheres

Ao apoiar livros que fazem parte do Selo Editorial Série Mulheres, uma empresa pode obter vários benefícios, incluindo:

– **Fortalecimento da imagem de marca:** ao associar sua marca a iniciativas que promovem a equidade de gênero e a inclusão, a empresa demonstra seu compromisso com valores sociais e a responsabilidade corporativa. Isso pode melhorar a percepção do público em relação à empresa e fortalecer sua imagem de marca.

– **Diferenciação competitiva:** ao apoiar um projeto editorial exclusivo como o Selo Editorial Série Mulheres, a empresa se destaca de seus concorrentes, demonstrando seu compromisso em amplificar vozes femininas e promover a diversidade. Isso pode ajudar a empresa a se posicionar como líder e referência em sua indústria.

– **Acesso a um público engajado:** o Selo Editorial Série Mulheres já possui uma base de leitores e seguidores engajados que valoriza histórias e casos de mulheres. Ao patrocinar esses livros, a empresa tem a oportunidade de se conectar com esse público e aumentar seu alcance, ganhando visibilidade entre os apoiadores do projeto.

– **Impacto social positivo:** o patrocínio de livros que promovem a equidade de gênero e contam histórias inspiradoras de mulheres permite que a empresa faça parte de um movimento de mudança social positivo. Isso pode gerar um senso de propósito e orgulho entre os colaboradores e criar um impacto tangível na sociedade.

– ***Networking* e parcerias:** o envolvimento com o Selo Editorial Série Mulheres pode abrir portas para colaborações e parcerias com outras organizações e líderes que também apoiam a equidade de gênero. Isso pode criar oportunidades de *networking* valiosas e potencializar os esforços da empresa em direção à sustentabilidade e responsabilidade social.

É importante ressaltar que os benefícios podem variar de acordo com a estratégia e o público-alvo da empresa. Cada organização deve avaliar como o patrocínio desses livros se alinha aos seus valores, objetivos e necessidades específicas.

FAÇA PARTE DESTA HISTÓRIA
INSCREVA-SE

INICIAMOS UMA AÇÃO CHAMADA

MINHA EMPRESA ESTÁ COMPROMETIDA COM A CAUSA!

Nesta iniciativa escolhemos de cinco a dez empresas para apoiar esta causa.

SABIA QUE SUA EMPRESA PODE SER PATROCINADORA DA SÉRIE MULHERES, UMA COLEÇÃO INÉDITA DE LIVROS DIRECIONADOS A VÁRIAS ÁREAS E PROFISSÕES?

Uma organização que investe na diversidade, equidade e inclusão olha para o futuro e pratica no agora.

Para mais informações de como ser um patrocinador de um dos livros da Série Mulheres escreva para: contato@editoraleader.com.br

ou

Acesse o link e preencha sua ficha de inscrição

Nota da Coordenação Jurídica do Selo Editorial Série Mulheres® da Editora Leader

A Coordenação Jurídica da Série Mulheres®, dentro do Selo Editorial da Editora Leader, considera fundamental destacar um ponto crucial relacionado à originalidade e ao respeito pelas criações intelectuais deste selo editorial. Qualquer livro com um tema semelhante à Série Mulheres®, que apresente notável semelhança com nosso projeto, pode ser caracterizado como plágio, de acordo com as leis de direitos autorais vigentes.

A Editora Leader, por meio do Selo Editorial Série Mulheres®, se orgulha do pioneirismo e do árduo trabalho investido em cada uma de suas obras. Nossas escritoras convidadas dedicam tempo e esforço significativos para dar vida a histórias, lições, aprendizados, cases e metodologias únicas que ressoam e alcançam diversos públicos.

Portanto, solicitamos respeitosamente a todas as mulheres convidadas para participar de projetos diferentes da Série Mulheres® que examinem cuidadosamente a originalidade de suas criações antes de aceitar escrever para projetos semelhantes.

É de extrema importância preservar a integridade das obras e apoiar os valores de respeito e valorização que a Editora Leader tem defendido no mercado por meio de seu pioneirismo. Para manter nosso propósito, contamos com a total colaboração de todas as nossas coautoras convidadas.

Além disso, é relevante destacar que a palavra "Mulheres" fora do contexto de livros é de domínio público. No entanto, o que estamos enfatizando aqui é a responsabilidade de registrar o tema "Mulheres" com uma área específica, dessa forma, o nome "Mulheres" deixa de ser público.

Evitar o plágio e a cópia de projetos já existentes não apenas protege os direitos autorais, mas também promove a inovação e a diversidade no mundo das histórias e da literatura, em um selo editorial que dá voz à mulher, registrando suas histórias na literatura.

Agradecemos a compreensão de todas e todos, no compromisso de manter a ética e a integridade em nossa indústria criativa. Fiquem atentas.

Atenciosamente,

Adriana Nascimento e toda a Equipe da Editora Leader
Coordenação Jurídica do Selo Editorial Série Mulheres

ANDRÉIA ROMA
CEO DA EDITORA LEADER

REGISTRE seu legado

A Editora Leader é a única editora comportamental do meio editorial e nasceu com o propósito de inovar nesse ramo de atividade. Durante anos pesquisamos o mercado e diversos segmentos e nos decidimos pela área comportamental através desses estudos. Acreditamos que com nossa experiência podemos fazer da leitura algo relevante com uma linguagem simples e prática, de forma que nossos leitores possam ter um salto de desenvolvimento por meio dos ensinamentos práticos e teóricos que uma obra pode oferecer.

Atuando com muito sucesso no mercado editorial, estamos nos consolidando cada vez mais graças ao foco em ser a editora que mais favorece a publicação de novos escritores, sendo reconhecida também como referência na elaboração de projetos Educacionais e Corporativos. A Leader foi agraciada mais de três vezes em menos de três anos pelo RankBrasil – Recordes Brasileiros, com prêmios literários. Já realizamos o sonho de numerosos escritores de todo o Brasil, dando todo o suporte para publicação de suas obras. Mas não nos limitamos às fronteiras brasileiras e por isso também contamos com autores em Portugal, Canadá, Estados Unidos e divulgações de livros em mais de 60 países.

Publicamos todos os gêneros literários. O nosso compromisso é apoiar todos os novos escritores, sem distinção, a realizar o sonho de publicar seu livro, dando-lhes o apoio necessário para se destacarem não somente como grandes escritores, mas para que seus livros se tornem um dia verdadeiros *best-sellers*.

A Editora Leader abre as portas para autores que queiram divulgar a sua marca e conteúdo por meio de livros...

EMPODERE-SE
Escolha a categoria que deseja

■ Autor de sua obra

Para quem deseja publicar a sua obra, buscando uma colocação no mercado editorial, desde que tenha expertise sobre o assunto abordado e que seja aprovado pela equipe editorial da Editora Leader.

■ Autor Acadêmico

Ótima opção para quem deseja publicar seu trabalho acadêmico. A Editora Leader faz toda a estruturação do texto, adequando o material ao livro, visando sempre seu público e objetivos.

■ Coautor Convidado

Você pode ser um coautor em uma de nossas obras, nos mais variados segmentos do mercado profissional, e ter o reconhecimento na sua área de atuação, fazendo parte de uma equipe de profissionais que escrevem sobre suas experiências e eternizam suas histórias. A Leader convida-o a compartilhar seu conhecimento com um público-alvo direcionado, além de lançá-lo como coautor em uma obra de circulação nacional.

■ Transforme sua apostila em livro

Se você tem uma apostila que utiliza para cursos, palestras ou aulas, tem em suas mãos praticamente o original de um livro. A equipe da Editora Leader faz toda a preparação de texto, adequando o que já é um sucesso para o mercado editorial, com uma linguagem prática e acessível. Seu público será multiplicado.

■ Biografia Empresarial

Sua empresa faz história e a Editora Leader publica.

A Biografia Empresarial é um diferencial importante para fortalecer o relacionamento com o mercado. Oferecer ao cliente/leitor a história da empresa é uma maneira ímpar de evidenciar os valores da companhia e divulgar a marca.

■ Grupo de Coautores

Já pensou em reunir um grupo de coautores dentro do seu segmento e convidá-los a dividir suas experiências e deixar seu legado em um livro? A Editora Leader oferece todo o suporte e direciona o trabalho para que o livro seja lançado e alcance o público certo, tornando-se sucesso no mercado editorial. Você pode ser o organizador da obra. Apresente sua ideia.

A Editora Leader transforma seu conteúdo e sua autoridade em livros.